もくじ・学習記録表

「実力完成テスト」の得点を記録し，弱点分野を発見しましょう。

JN052154

※歴史は中学3年の学習内容も含んでいます。学校の進度に合わせてご使用ください。

別冊は，本冊と軽くのりづけされていますので，
はずしてお使いください。

世界の姿

世界の区分の仕方や位置の表し方について学習しましょう。日本の位置や世界の気候についても確認しましょう。

基礎の確認

解答▶別冊 p.2

●[　]や□□□に適する語句や数字を書き入れましょう。

❶ 地球の姿

▶陸地と海洋の面積の比率…陸地〔①　　　　　〕：海洋〔②　　　　　〕

▶六大陸と三大洋

③　　　　大陸
④
北アメリカ大陸　最大の海洋
大西洋
アフリカ大陸
インド洋
⑥　　　　大陸
⑤　　　　大陸
南極大陸
赤道

▶6つの州…**アジア州，ヨーロッパ州，アフリカ州，北アメリカ州，南アメリカ州，オセアニア州**に分けられる

▶国境

　a）山脈や川，海などを利用した国境線

　b）緯線や経線などを利用した直線的な

　　　国境線

ヨーロッパ州　アジア州
中央アジア　東アジア
西アジア
南アジア　東南アジア　北アメリカ州
太平洋　大西洋
インド洋
⑦　　　　州
南アメリカ州
⑧　　　　州
└小さな島国が多い

確認 地球上の位置の表し方

　X地点は，北緯40度，東経100度となる。

本初子午線（0度の経線）　北極点　経線
ロンドン
X
緯度
経度
赤道（0度の緯線）　南極点　緯線

❷ 緯度と経度

▶緯度…〔①　　　　　　〕を0度として，南北をそれぞれ**90度**ずつに分けたもの。同じ緯度を結んだ線を〔②　　　　　〕という

▶経度…〔③　　　　　　〕の旧グリニッジ天文台を通る経線（**本初子午線**）を0度として，東西をそれぞれ**180度**ずつに分けたもの。同じ経度を結んだ線を〔④　　　　　〕という
　　　└イギリスの首都

❸ 日本の姿

▶日本の位置…北緯約20〜46度，東経約122〜154度

▶時差…経度〔①　　　　〕度で，1時間の時差が生じる

確認 正距方位図法

　中心（この地図では東京）からの距離と方位が正しい。中心から離れるほど，陸地の形がゆがんで表される。

北
ロンドン　ロサンゼルス
ブエノスアイレス
東京
西　近い　東
シドニー
南
遠い

▶日本の領域

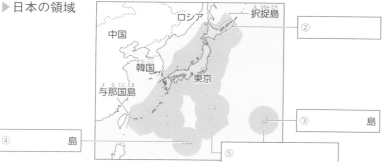

中国
ロシア
択捉島
② ［　　　　　］
韓国
東京
与那国島
③ ［　　　　　］島
④ ［　　　　　］島
⑤ ［　　　　　］

1
日目

2
日目

3
日目

4
日目

5
日目

6
日目

7
日目

8
日目

9
日目

10
日目

くわしく 国の領域

領域は，領土・領海・領空からなる。

領空		公海

1海里＝1852m

領海（12海里）
公海（いずれの国の船も航行自由）
排他的経済水域（200海里）
干潮時の海岸線
領土

くわしく 日本の領土をめぐる問題

●竹島…島根県に属している。韓国が不法に占拠している。
●尖閣諸島…沖縄県に属している。中国などが領有権を主張している。

くわしく 排他的経済水域

海岸線から領海を除く200海里（約370km）以内の海域。水産資源（魚など）や鉱産資源（石油，天然ガスなど）の権利は沿岸国にある。

❹ 日本の地域区分と都道府県

▶7地方区分

② ［　　　　　］地方
└大阪府・兵庫県などが含まれる
北海道地方
中国・四国地方
中部地方
① ［　　　　　］地方
└福岡県・沖縄県などが含まれる
④ ［　　　　　］地方
└青森県・福島県などが含まれる
③ ［　　　　　］地方
└東京都・神奈川県などが含まれる

▶都道府県…1都，1道，2府，⑤［　　　　　］からなる

❺ 世界の気候

▶世界の気候帯…気温や降水量などによって5つの気候帯に区分

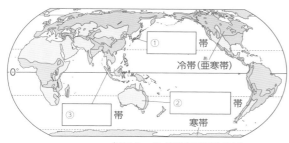

① ［　　　　　］帯
冷帯（亜寒帯）
③ ［　　　　　］帯
② ［　　　　　］帯
寒帯
0°

(W.P.ケッペン原図(1923年)ほか)

くわしく 気候に合わせた住居

(ピクスタ)

降水量が少なく，木材などが入手しにくい乾燥帯の地域では，日干しれんがが住居の材料に利用されている。

❻ 世界の文化

▶世界の宗教

① ［　　　　　］教 └イエスが開く	世界で最も信者が多い
② ［　　　　　］教 └教典は「コーラン」	西アジアや北アフリカなどに分布
③ ［　　　　　］教	東南アジアから東アジアなどに分布
④ ［　　　　　］教	主にインドに分布

くわしく イスラム教の暮らし

●1日5回，聖地メッカに向かって礼拝する。
●女性は肌を見せない。
●豚肉を食べない。
●アルコールを飲まない。

1日目 実力完成テスト

＊解答と解説…別冊 p.2
＊時　間………20分
＊配　点………100点満点

得点

点

1 右の地図を見て，次の各問いに答えなさい。

〈(1)(2) 5点×2，他は4点×4〉

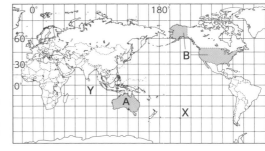

(1) 地図中の**X**の地点を緯度と経度で表しなさい。

（　　　　　　　　　　　　　）

(2) 地図中の**Y**の大洋名を答えなさい。

（　　　　　　　　　　　　　）

(3) 地図中の**A**と**B**の国名を，次の**ア〜エ**から1つずつ選び，記号で答えなさい。また，これらの国が属する州名を，それぞれ答えなさい。

ア アメリカ　**イ** イタリア　**ウ** インド　**エ** オーストラリア

A 国名（　　　）州名（　　　　　　　　　）　**B** 国名（　　　）州名（　　　　　　　　　　）

2 右の地図を見て，次の各問いに答えなさい。

〈4点×4〉

(1) 右の地図は何を正しく示した地図ですか。次の文の空欄にあてはまる語句を答えなさい。

◇　中心からの（　　　　）と方位が正しい地図。

（　　　　　　　　　　　　　）

(2) ＿＿＿で囲んだ都市のうち，東京から見て北西にあたるのはどの都市ですか。都市名を答えなさい。

（　　　　　　　　　　　　　）

(3) ＿＿＿で囲んだ都市のうち，東京から最も近い都市と，最も遠い都市をそれぞれ答えなさい。

近い都市（　　　　　　　　　）　遠い都市（　　　　　　　　）

3 次の各問いに答えなさい。

〈3点×11〉

(1) 日本は北緯約20〜46度に位置します。次の**ア〜エ**の国のうち，日本とほぼ同じ緯度の範囲にある国はどこですか。2つ選び，記号で答えなさい。

ア アメリカ　**イ** スペイン　**ウ** イギリス　**エ** オーストラリア

（　　　）（　　　）

(2) 日本の最南端に位置する島を何といいますか。（　　　　　　　　　　　）

(3) 領海の外側の一定範囲（はんい）の水域では，沿岸国が水産資源（しげん）や鉱産資源を利用する権利をもちます。この水域を何といいますか。また，右の図中の**ア〜ウ**のうち，この水域の範囲にあてはまるものはどれですか。1つ選び，記号で答えなさい。

水域の名称（めいしょう）（　　　　　　　　　）　記号（　　　　）

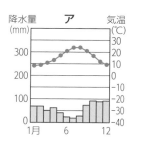

(4) 次の県のうち，県名と県庁所在地名が異なる県を3つ選び，県名と県庁所在地名を答えなさい。

新潟県，香川県，石川県，大分県， 岩手県，千葉県，岐阜県，秋田県， 広島県，鹿児島県，奈良県

県（　　　　　）・県庁所在地（　　　　　　）
県（　　　　　）・県庁所在地（　　　　　　）
県（　　　　　）・県庁所在地（　　　　　　）

4 右の地図を見て，次の各問いに答えなさい。　　　　　〈5点×5〉

(1) 地図中の**A**の地域の気候を説明した文として正しいものを，次の**ア〜エ**から1つ選び，記号で答えなさい。

ア 四季の変化がはっきりしている。

イ 降水量が少なく，森林が育たない。

ウ 一年中高温で，雨が多い。

エ 冬の寒さが厳しく，針葉樹林（しんようじゅりん）が広がっている。

（　　　　）

(2) 地図中の**B**の都市の雨温図を，次の**ア〜エ**から1つ選び，記号で答えなさい。また，この都市が属する気候帯を答えなさい。

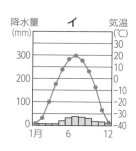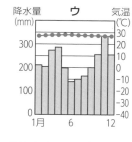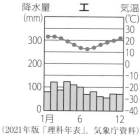

（2021年版「理科年表」，気象庁資料）

雨温図（　　　　）　気候帯（　　　　　　　　）

(3) 右の写真は，ある地域で見られる建物です。この建物が見られる場所を，地図中の**ア〜エ**から1つ選び，記号で答えなさい。

（　　　　）

(4) 地図中の**C**の国の国民の大半が信仰（しんこう）している宗教を，次の**ア〜エ**から1つ選び，記号で答えなさい。

ア キリスト教　　**イ** ヒンドゥー教

ウ イスラム教　　**エ** 仏教

（　　　　）

（アフロ）

地理
世界の諸地域

世界の諸地域の自然・歴史や文化・産業などについて調べましょう。諸地域の課題にも着目しましょう。

基礎の確認

解答▶別冊 p.3

●〔　〕や□に適する語句や数字を書き入れましょう。

❶ アジア州

▶自然環境…〔④　　　　　　　　〕の
　└夏と冬で吹く向きが変わる風
　影響を受ける

▶中国

　a）〔⑤　　　　　　　〕を廃止
　　└人口の増加を抑制

　b）〔⑥　　　　　　　〕を沿岸
　　└税などで優遇
　　部に設置し，外国企業を誘致

▶東南アジア…東南アジア諸国連合（〔⑦　　　　　　　〕）を結成

▶南アジア…インドで〔⑧　　　　　〕(情報通信技術)産業が発達
　　└南部のベンガルールなど

▶西アジア…石油輸出国機構（〔⑨　　　　　〕）で結びつく
　　└石油の産出がさかんな国

① 山脈
中国
インドネシア
② 油やしの栽培がさかんな国
③ 石油の産出がさかんな国

❷ ヨーロッパ州

▶気候…〔④　　　　　　　〕と北大西洋
　└西から吹く風
　海流の影響で緯度のわりに温暖

▶農業…〔⑤　　　　　　〕農業や酪農，
　└食料・飼育作物の栽培と家畜の飼育
　地中海式農業が行われる

▶EU（ヨーロッパ連合）

　a）共通通貨の〔⑥　　　　〕を導入

　b）加盟国間の経済格差が課題

①
└氷河でできた地形
イギリス
②
アルプス山脈
③

❸ アフリカ州

▶歴史…ほとんどがヨーロッパ諸国の
　〔④　　　　　　〕として支配されていた

▶農業…ギニア湾沿岸で〔⑤　　　　　　〕
　└チョコレートの原料
　の栽培がさかん

▶〔⑥　　　　　　　　〕経済…特定の
　鉱産資源や農作物の輸出に依存

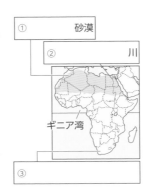

① 砂漠
② 川
ギニア湾
③

確認 アジアで生産がさかんな農作物の生産量

	インドネシア 10.6		ベトナム 5.6
米 7.82億t	中国 27.1%	インド 22.1	その他

バングラデシュ 7.2

			ブラジル 6.7
綿花 2419万t	中国 25.2%	インド 19.4	その他

アメリカ 16.6
パキスタン 6.9

（綿花は2018年）

（2020/21年版「世界国勢図会」）

確認 プランテーション

天然ゴムやカカオなどの輸出向けの農作物をつくる大農園。植民地時代にヨーロッパ諸国によって開かれた。

確認 ヨーロッパの言語

a）ゲルマン系言語…英語，ドイツ語，ノルウェー語など

b）ラテン系言語…フランス語，イタリア語，スペイン語など

c）スラブ系言語…ロシア語，ポーランド語，ブルガリア語など

くわしく イギリスのEU離脱

国民投票の結果を受けて，2020年，イギリスはEUから離脱した。

確認 レアメタル

コバルトやクロム，ニッケルなどの地球上に存在する量が少ないか，技術的に取り出すことが難しい希少金属の総称。アフリカ州の国々で産出量が多い。

❹ 北アメリカ州

▶多様な文化…**移民**による開拓（かいたく）

多くの〔④ _____〕が
└スペイン語を話す移民

アメリカで暮らす（く）

▶アメリカの農業

a）〔⑤ _____〕…それぞ

れの自然環境に合わせた農業

b）大規模な企業的農業を行う（き）

▶アメリカの工業…〔⑥ _____
└北緯37度以南の地域

業が発達し，〔⑦ _____
└サンフランシスコ郊外

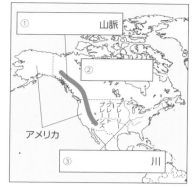

〕でICT（情報通信技術）産

〕に企業や研究機関が集中

❺ 南アメリカ州

▶歴史…かつては**スペイン**や**ポルトガ
ル**などの**植民地**で，アフリカから
└ブラジルを植民地にした

多くの人々が**奴隷**として連行された（どれい）

▶農業…**先住民**によって，森林を焼い
た灰を肥料にする〔④ _____〕農（はい）

業が行われてきた

▶鉱産資源…ブラジルの**鉄鉱石**，チリ
の**銅**など鉱産資源が豊富で，日本
へも輸出

▶持続可能な開発…**さとうきび**などが

原料の〔⑤ _____〕の生産がさかん
└さとうきび畑の開発による熱帯雨林の減少が課題

❻ オセアニア州

▶歴史…かつて**イギリス**やフ
ランスの**植民地**で，

〔③ _____〕や**マオリ**
└オーストラリア └ニュージーランド

などの**先住民**が暮らす

▶農業・鉱業

a）**オーストラリア**…肉牛などの牧畜（ぼくちく）がさかん。**石炭**や**鉄鉱石**な

どの産出や輸出もさかん

b）**ニュージーランド**…羊の飼育がさかん

▶経済…〔④ _____〕会議（**APEC**）に参加す（エイペック）

るなど，アジアとの結びつきを深める

確認 **アメリカの主な農作物の輸出**

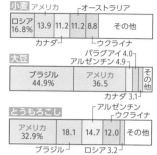

小麦 アメリカ			オーストラリア		
ロシア 16.8%	13.9	11.2	11.2	8.8	その他

カナダ　ウクライナ

大豆		パラグアイ4.0 アルゼンチン4.9		
ブラジル 44.9%	アメリカ 36.5			その他

カナダ 3.1

とうもろこし		アルゼンチン ウクライナ		
アメリカ 32.9%	18.1	14.7	12.0	その他

ブラジル　ロシア 3.2

（2017年）（2020/21年版「世界国勢図会」）

くわしく **北アメリカ州の地域的な結びつき**

2020年，北米自由貿易協定（ナフタ）（**NAFTA**）に代わり，アメリカ・メキシコ・カナダ協定（**USMCA**）が発効した。

くわしく **コーヒー豆の生産量割合**

コーヒー豆 1030万t		インドネシア	コロンビア	
ブラジル 34.5%	15.7	7.0	7.0	その他

ベトナム　ホンジュラス4.7

（2018年）（2020/21年版「世界国勢図会」）

くわしく **各国の輸出品の割合**

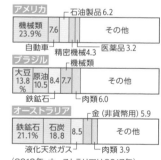

アメリカ		石油製品6.2		
機械類 23.9%	7.6			その他

自動車　精密機械4.3　医薬品3.2

ブラジル			機械類	
大豆 13.8%	原油 10.5	8.4	7.7	その他

鉄鉱石　肉類6.0

オーストラリア			金（非貨幣用）5.9	
鉄鉱石 21.1%	石炭 18.8	8.5		その他

液化天然ガス　肉類3.9

（2018年，オーストラリアは2017年）
（2020/21年版「世界国勢図会」）

くわしく **オーストラリアとニュージーランドの国旗**

●オーストラリア

●ニュージーランド

どちらも，**イギリス**との結び付きが深かったことからイギリスの国旗が左上に描（えが）かれている。

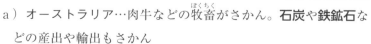

実力完成テスト

＊解答と解説…別冊 p.3
＊時　間………20分
＊配　点………100点満点

得点

点

---

1 右の地図を見て，次の各問いに答えなさい。　　　　　　　　　〈(2)は5点×4，他は4点×2〉

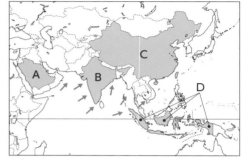

(1) 地図中に→で示した，夏と冬で吹く向きの変わる風
　　を何といいますか。　　　　　（　　　　　　　　）

(2) 次の①〜④の文は，アジア各国の特色を説明したも
　　のです。それぞれにあてはまる国を，地図中のA〜D
　　から1つずつ選び，記号で答えなさい。

　① 沿岸部に経済特区を設置しており，近年は「世界
　　の工場」と呼ばれている。

　② 石油の生産がさかんで，石油輸出国機構（OPEC）に加盟している。

　③ 植民地時代に天然ゴムなどを栽培するプランテーションがつくられた。

　④ 英語や数学の教育水準が高いことをいかして，ICT（情報通信技術）産業がさかんである。

　　　　　　　①（　　　　）②（　　　　）③（　　　　）④（　　　　）

(3) 地図中のDの国が加盟している東南アジア諸国連合の略称を何といいますか。アルファベットで
　　答えなさい。　　　　　　　　　　　　　　　　　　　　　　　　　（　　　　　　　　）

---

2 右の地図を見て，次の各問いに答えなさい。　　　　　　　　　　　　　　〈4点×5〉

(1) 地図中のAやBの国が加盟している，ヨーロッパ州の政治的・経済
　　的統合を進める組織を何といいますか。　（　　　　　　　　）

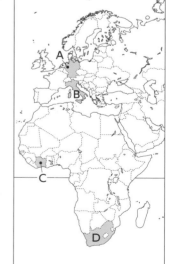

(2) 地図中のAとBの国で主に行われている農業について述べた文を，
　　次のア〜ウから1つずつ選び，記号で答えなさい。

　ア 乾燥する夏に果樹を，雨が降る冬に小麦を栽培する。

　イ 森林などを焼いた灰を肥料にして，農作物を栽培する。

　ウ 食料や飼育作物の栽培と家畜の飼育を組み合わせている。

　　　　　　　　　　　A（　　　　）B（　　　　）

(3) 地図中のCの国で栽培がさかんな農作物を，次のア〜エから1つ選
　　び，記号で答えなさい。

　ア オレンジ　　**イ** 大豆　　**ウ** 綿花　　**エ** カカオ（豆）

　　　　　　　　　　　　　　　（　　　　　　）

(4) 地図中のDの国などで産出がさかんな希少金属をまとめて何といい
　　ますか。カタカナで答えなさい。　　　　（　　　　　　　　）

3 右の地図を見て，次の各問いに答えなさい。 〈4点×6〉

(1) 地図中の□□は，ある農作物の主な栽培地域です。あてはまるものを，次の**ア～エ**から1つ選び，記号で答えなさい。

ア 小麦 **イ** とうもろこし

ウ さとうきび **エ** コーヒー豆 （ ）

(2) 地図中の**A**の国の北緯37度以南の地域に広がる工業地域を何といいますか。

（ ）

(3) メキシコや中央アメリカなどから地図中の**A**の国に移住してきた，スペイン語を話す人々を何といいますか。

（ ）

(4) 地図中の**B**の国で主に使用されている言語を，次の**ア～エ**から1つ選び，記号で答えなさい。

ア 英語 **イ** フランス語 **ウ** スペイン語 **エ** ポルトガル語 （ ）

(5) 次のグラフ①，②は，地図中の**A**，**B**のいずれかの国の輸出品の割合です。①，②にあてはまる国を，**A**，**B**からそれぞれ選び，記号で答えなさい。

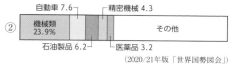

① （ ）

② （ ）

(2018年)

(2020/21年版「世界国勢図会」)

4 右の地図を見て，次の各問いに答えなさい。 〈4点×7〉

(1) 地図中の**A**と**B**の国の先住民を，それぞれ何といいますか。

A （ ） **B** （ ）

(2) 地図中の**A**の国の▲で産出がさかんな鉱産資源を，次の**ア～エ**から1つ選び，記号で答えなさい。

ア 石炭 **イ** 石油

ウ 銅 **エ** 鉄鉱石 （ ）

(3) 右の雨温図**ア～ウ**は，地図中の①～③のいずれかの都市ものです。①～③の都市にあてはまるものを，**ア～ウ**からそれぞれ選び，記号で答えなさい。

① （ ） ② （ ） ③ （ ）

(4) 地図中の**A**と**B**の国の国旗の一部に共通して描かれているのはどこの国旗ですか。 （ ）

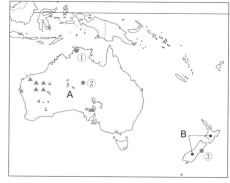

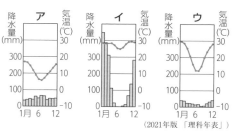

(2021年版「理科年表」)

3 日目

地理

身近な地域の調査・日本の地域的特色

地形図のきまりや日本の地形・気候，自然災害について学習しましょう。地形図を使った問題はよく出題されるので，読み取れるようにしましょう。

基礎の確認

解答▶別冊 p.4

● [ ] や ⬜ に適する語句を書き入れましょう。

❶ 地形図の読み取り方

▶地形図…国土交通省の〔①　　　　　　　　〕が発行する。2万5千分の1や5万分の1など

▶実際の距離…地図上の長さ×〔②　　　　　〕の分母
└実際の距離を縮めた割合

▶地形図のきまり…a）方位記号がない場合，地図の上が〔③　　　〕

　　　　　　　　b）**等高線**の間隔が狭いほど，傾斜が〔④　　　〕
　　　　　　　　　└同じ高さの場所を結ぶ線

地図記号	‖	⑤	◎	⑦	⛩	博物館・美術館
	∨	畑	Ｙ	消防署	📖	⑨
	♂	⑥	⊗	⑧	🏛	⑩
	⌒	広葉樹林	⊞	病院	卂	神社

❷ 日本の地形

▶山地・川・海

a）日本は〔①　　　　　〕造山帯に属し，火山の噴火や地震が多い

b）中央部に**日本アルプス**，その東側に**フォッサマグナ**
　└飛驒山脈，木曽山脈，赤石山脈　　　　└断層が集まった地形

c）川の特色…長さが短くて，流れが
　〔②　　　　〕，**流域面積**が狭い

d）**川がつくる地形**…平野や**盆地**が多く，人々の生活の中心となっている

e）海岸地形…**三陸海岸**などは，湾と岬が入り組んだ〔⑤　　　　〕

③	④

f）海…日本列島の近海には，
　〔⑥　　　　〕が広がり，そ
　　　　└深さ約200mまで
の先に**海溝**がある
　　　　└水深が数千mを超える
　太平洋の沖合の**暖流**と**寒流**が
ぶつかる〔⑦　　　　〕は世界有
数の漁場

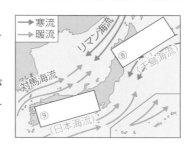

確認 等高線の種類と間隔

太い等高線を計曲線，細い等高線を主曲線という。縮尺によって，等高線の間隔が変わる。

線の種類 ＼ 縮尺	$\frac{1}{25,000}$	$\frac{1}{50,000}$
計曲線	50mごと	100mごと
主曲線	10mごと	20mごと
補助曲線	5mか2.5mごと	10mごと
	—	5mごと

くわしく 谷と尾根の見分け方

等高線が高い方へ向かっているのが谷。低い方へ向かっているのが尾根。

確認 扇状地と三角州

●**扇状地**…川が山地から運んできた土砂が，平地に出るところに積もってできた地形。

●**三角州**…川が運んだ土砂が，河口に積もってできた地形。

くわしく 主な平野・川・山脈

10

❸ 日本の気候

▶ 気候の特色…〔①　　　　　　〕の影響を受ける。**梅雨や台風の影**

　響で降水量が多い

▶ 6つの気候区分…本州・四国・九州は**温帯**，北海道は**冷帯（亜寒帯）**

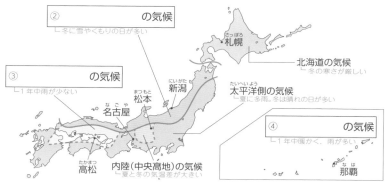

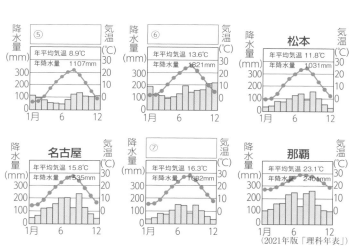

(2021年版「理科年表」)

❹ 日本の自然災害

▶ 自然災害

　a）**地震**…2011年の〔①　　　　　〕**大震災で津波が発生**

　b）**火山の噴火**…火山灰や溶岩の噴出，火砕流の発生など

　c）**台風**…強風や〔②　　　　　〕，大雨による洪水や土石流

▶ 取り組み…被害がおよぶのを防ぐ**防災**や，被害をできるだけ減ら

　す〔③　　　　　〕の取り組みが

　行われている

▶〔④　　　　　　　　　〕

　…地震や洪水などによる被害の

　予測や避難場所などを記載

▶ 災害への対応…災害が発生したときは，国や市町村などが協力

1日目
2日目
3日目
4日目
5日目
6日目
7日目
8日目
9日目
10日目

●確認● **季節風（モンスーン）**

　夏と冬で吹く向きが変わる風。

この風の影響で，日本では，夏

は太平洋側，冬は日本海側で降

水量が多くなる。

🔄 夏と冬の季節風…湿った季節

風は，山地にぶつかって，そ

の手前に雨や雪を降らせ，山

地を越えると乾いた風になる。

くわしく **南海トラフ地震**

　静岡県から高知県にかけての

太平洋沖に広がる地域で発生す

ると予測される巨大地震。

くわしく **津波の避難タワー**

　津波に備えて，各地に設置さ

れている。

(Cynet Photo)

●確認● **ハザードマップ**

　各都道府県や市（区）町村が作

成している

(葛飾区提供)

実力完成テスト

✳解答と解説…別冊 p.4
✳時　間………20分
✳配　点………100点満点

得点

点

1 右の地形図を見て，次の各問いに答えなさい。　　　　　　　　　〈5点×4〉

(1) この地形図の主曲線は，10mごとに引かれています。この地形図の縮尺は何分の1ですか。　（　　　　　　　　分の1）

(2) A点からB点まで，地形図上では3cmあります。実際の距離は何mですか。　　　　　　　　　　　（　　　　　　m）

(3) ☐の地域について，次の各問いに答えなさい。

① この地域に見られる地形を何といいますか。

（　　　　　　　　）

② この地域で栽培がさかんだと考えられる農作物を，次のア〜エから1つ選び，記号で答えなさい。

ア 米　イ 茶　ウ ぶどう　エ にんじん　　　　　　　（　　　）

（石和）

2 右の地図を見て，次の各問いに答えなさい。　　　　　　　　　〈3点×10〉

(1) 日本列島が属する造山帯を何といいますか。

（　　　　　　造山帯）

(2) 地図中の日本アルプスに含まれる山脈として誤っているものを，次のア〜エから1つ選び，記号で答えなさい。

ア 木曽山脈　イ 奥羽山脈

ウ 飛驒山脈　エ 赤石山脈　　　　　　（　　　）

(3) 地図中の広島市で見られる，川が運んできた土砂が，河口に積もってできた地形を何といいますか。

（　　　　　　　　）

(4) 次の①，②にあてはまる川を，地図中のA〜Dからそれぞれ選び，記号で答えなさい。

① 日本で最も長い。　② 日本で最も広い関東平野を流れる。　① （　　　）② （　　　）

(5) 地図中の三陸海岸で見られる湾と岬が入り組んだ海岸地形を何といいますか。

（　　　　　　　　）

(6) 地図中の**あ**〜**え**の ➡ は，日本の周辺を流れる海流です。暖流にあてはまるものを2つ選び，記号で答えなさい。

（　　　）（　　　）

(7) 地図中の**う**と**え**の海流名を答えなさい。　　**う**（　　　　　　　　）**え**（　　　　　　　　）

3 次の各問いに答えなさい。

(1) 本州や四国，九州が主に属している気候帯を，次のア〜エから1つ選び，記号で答えなさい。

ア　熱帯　　イ　乾燥帯
ウ　温帯　　エ　冷帯（亜寒帯）　　　　（　　　）

(2) 右のA〜Fは，次の地図中のア〜カのいずれかの都市の雨温図です。A〜Fにあてはまる都市を，ア〜カからそれぞれ選び，記号で答えなさい。

A（　　　）
B（　　　）
C（　　　）
D（　　　）
E（　　　）
F（　　　）

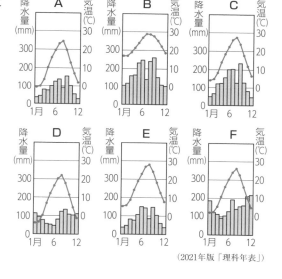

(2021年版「理科年表」)

(3) CとFが属する気候区分を答えなさい。　C（　　　　　　　　）　F（　　　　　　　　）

(4) 夏から秋にかけて，日本列島に接近し，強風や大雨をもたらす自然現象を何といいますか。

（　　　　　　　　　　　）

4 次の各問いに答えなさい。　　　　　　　　　　　　　　　　　　　　　　〈5点×4〉

(1) 次の文中の □ にあてはまる語句を答えなさい。

◇　日本列島は，造山帯に位置していることから， □ が多く発生し，火山活動も活発である。

（　　　　　　　　）

(2) 右の地図中の▲は，主な火山の分布を示しています。火山がもたらす災害として正しいものを，次のア〜エから1つ選び，記号で答えなさい。

ア　火砕流　　イ　土石流
ウ　高潮　　　エ　雪崩　　　　　　（　　　）

(3) 地図中のXを震源地として2011年に発生した，一連の災害をまとめて何といいますか。

（　　　　　　　　）

(4) 各都道府県や市(区)町村などが作成している，地震による津波や洪水などの被害予測や避難場所などを記載した地図を何といいますか。

（　　　　　　　　）

13

4

地理

日本の人口・産業・貿易

日本の人口と人口問題について学習しましょう。産業・貿易についてもしっかり
勉強し，日本はどのような生産活動を行っているか確認しましょう。

基礎の確認

解答▶別冊 p.5

●〔 〕や □ に適する語句や数字を書き入れましょう。

❶ 日本の人口

▶ 日本の総人口…約 1 億2600万人（2019年）

▶ 人口の分布…**東京・大阪・名古屋**の〔① 〕に集中

　⇨**過密**。農山村では〔② 〕が進む

▶ 人口構成…現在は，**つぼ型の人口ピラミッド**。近年は**少子化**と

　〔③ 〕化が進んでいる（**少子高齢化**）

❷ 日本の資源・エネルギー

▶ 鉱産資源…日本は鉱産資源のほとんどを**輸入に頼っている**

▶ 発電…日本の発電の中心は，〔① 〕**発電**。太陽光や地熱，

　風力などの〔② 〕の開発に期待
　└ 繰り返し利用できるエネルギー

▶〔③ 〕**な社会**に向けて…**省エネルギー**やリサイ

　クルなどの取り組み

❸ 日本の農業

▶ 特色…**稲作**が農業の中心。〔① 〕**率**の低下が問題
　　　└ 自国で食料をまかなえる割合

▶ 主な農業地域

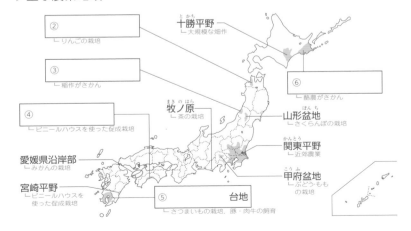

くわしく　日本の人口ピラミッド

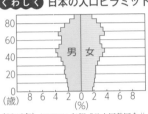

（2019年）（2020/21 年版「日本国勢図会」）

確認　日本の資源の輸入先

原油

サウジアラビア 35.8%	アラブ首長国連邦 29.7	カタール 8.8	ロシア 5.4 その他

クウェート 8.5

石炭

オーストラリア 58.7%	アメリカ 7.1 カナダ 5.5

インドネシア 15.1　ロシア 10.8　その他

鉄鉱石

アメリカ 1.7　カナダ 6.2

オーストラリア 57.3%	ブラジル 26.3	その他

南アフリカ共和国 2.9

（2019年）　（2020/21年版「日本国勢図会」）

確認　日本の発電量の内訳

水力 8.7%　　風力 0.6　原子力 6.2

火力 82.3

太陽光 1.8　その他

（2018年度）（2020/21 年版「日本国勢図会」）

⬆ **東日本大震災**での事故を受け
て，**原子力発電**の割合が低下。

確認　果物の生産の割合

りんご

岩手 6.3　福島 3.4

青森 58.9%	長野 18.8	その他

山形 5.5

みかん

長崎 6.4

和歌山 20.1%	静岡 14.8	愛媛 14.7	熊本 11.7	その他

もも

和歌山 6.6

山梨 34.8%	福島 21.4	長野 11.7	その他

山形 7.1

（2018年）　（2020/21 年版「日本国勢図会」）

❹ 日本の水産業

▶特色…**三陸海岸沖**に**潮目（潮境）**があり，世界有数の漁場

▶課題 a）〔① 　　　　　　〕の設定，魚のとりすぎ⇨**漁獲量が減少**
　　　└海岸線から200海里以内の水域

　　 b）輸入水産物の増加⇨日本は**世界有数の水産物輸入国**

▶変化…**養殖業**や〔② 　　　　〕**漁業**による漁業資源の保護⇨持続可

能な漁業を目指す

❺ 日本の工業

▶特色…**軽工業**⇨**重工業**⇨**先端技術産業（ハイテク産業）**の順に発達。

日本の工業は〔① 　　　　　〕**貿易**によって発展。1980年代には，
　　　　　　　└原材料を輸入し，製品を輸出

アメリカなどとの間で**貿易摩擦**が生じる

▶工業地帯・地域の分布…工業地帯・地域は，原材料の輸入や製品

の輸出に便利な〔② 　　　　　〕に集中⇨近年は内陸部に広がる

③〔　　　　　　〕
└自動車工業がさかん

④〔　　　　　　〕
└中小工場が多い

⑤〔　　　　　　〕
└石油化学コンビナートが発達

北陸工業地域
└繊維工業がさかん

北関東工業地域
└自動車・電気機械の生産がさかん

⑥〔　　　　　　〕
└機械工業がさかん

関東地方から九州北部

太平洋ベルト

京葉工業地域
└石油化学工業がさかん

北九州工業地帯（地域）
└鉄鋼業で発展

東海工業地域
└オートバイ，楽器の生産がさかん

▶問題…中国や東南アジアなど，人件費の安い外国に工場を移転

⇨**産業の**〔⑦ 　　　　　　〕が進む

❻ 日本の貿易・交通・通信

▶特色…近年は製品の輸入が増加

▶主な輸出入品

（2019年）

輸出品	機械類，〔① 　　　　　〕，自動車部品，鉄鋼など
	└アメリカへの輸出が多い
輸入品	機械類，〔② 　　　　　〕，液化ガス，衣類など
	└西アジアからの輸入が多い

▶主な貿易相手国…〔③ 　　　　　〕とアメリカの割合が高い。アジ

ア諸国との結びつきが強い

▶交通…新幹線や高速道路などの**高速交通網**の整備によって移動時

間が短縮⇨〔④ 　　　　〕による輸送が増加
　　　　　　└トラックなど

▶通信…インターネットなどの**情報通信網**の整備⇨ICTを利用でき

る人とできない人で〔⑤ 　　　　　〕が問題に

1
日目

2
日目

3
日目

4
日目

5
日目

6
日目

7
日目

8
日目

9
日目

10
日目

確認 漁業種類別漁獲量
　　　の変化

遠洋漁業は，各国が排他的経
済水域を設定し始めた1970年代
後半から漁獲量が減少。

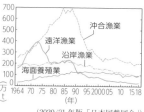

（2020/21年版「日本国勢図会」）

くわしく 主な工業地帯の工業
　　　出荷額の内訳

京浜工業地帯				繊維 0.4
8.9%	機械 49.4	化学 17.7	11.0	
金属			食料品	その他

中京工業地帯		0.8
9.4%	69.4	
	6.2	4.7

阪神工業地帯			1.3
20.7%	36.9	17.0	11.0

（2017年）（2020/21年版「日本国勢図会」）

確認 産業の分類

●第1次産業

農業，林業，水産業など

●第2次産業

鉱工業，建設業など

●第3次産業

商業，サービス業，情報通信
業など

確認 国内の旅客・貨物輸
　　　送量の内訳

旅客		航空機 0.3 船 1.1
1960 年度	鉄道 75.8%	自動車 22.8
2018 年度	30.3%	63.1
		0.1未満 6.6

貨物	自動車	航空機 0.1未満
1960 年度	鉄道 39.0%	15.0　船 46.0
2018 年度	51.5	43.5
4.7%		0.3

（2020/21年版「日本国勢図会」ほか）

4日目 実力完成テスト

＊解答と解説…別冊 p.5
＊時　間………20分
＊配　点………100点満点

得点

点

1 次の各問いに答えなさい。 〈5点×2〉

(1) 東京・大阪・名古屋を中心に広がる三大都市
圏（けん）などでみられる，人口が過度に集中すること
を何といいますか。 （　　　　　）

(2) 右のグラフ**ア**〜**ウ**は，1935年，1970年，2019
年のいずれかの日本の人口ピラミッドです。**ア**
〜**ウ**を年代の古い順に並べかえなさい。

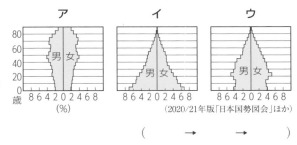

（　　　→　　　→　　　）

2 右の地図を見て，次の各問いに答えなさい。 〈6点×3〉

(1) 地図中の ▊▊▊ の県は，ある農作物の生産量の上位5県
（2018年）を示しています。あてはまる農作物を次の**ア**〜**エ**
から1つ選び，記号で答えなさい。

ア もも　**イ** みかん　**ウ** りんご　**エ** ぶどう

（　　　　　）

(2) 地図中の**X**と**Y**の地域で共通している農業について正しく説
明したものを，次の**ア**〜**エ**から1つ選び，記号で答えなさい。

ア ビニールハウスを使った野菜の促成栽培（そくせいさいばい）がさかん。

イ 米の単作が行われている。

ウ 広い牧草地で酪農（らくのう）が行われている。

エ 近郊農業（きんこう）で野菜や花を栽培している。 （　　　　　）

(3) 右の2つのグラフの**Z**に共通してあてはまる都道府県を地
図中の**A**〜**D**から1つ選び，記号で答えなさい。（　　　　　）

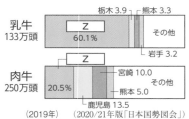

乳牛
133万頭

| | Z 60.1% | | 栃木 3.9 | 熊本 3.3 | その他 |

岩手 3.2

肉牛
250万頭

| Z 20.5% | | 宮崎 10.0 | 熊本 5.0 | その他 |

鹿児島 13.5

（2019年）　（2020/21年版「日本国勢図会」）

3 右のグラフを見て，次の各問いに答えなさい。 〈6点×2〉

(1) 図の**ア**〜**エ**の漁業のうち，各国の排他的経済水域（はいたてきけいざい）の設定によっ
て大きな打撃（だげき）を受けた漁業はどれですか。1つ選び，記号で答え
なさい。 （　　　　　）

(2) 次の文は，養殖業（ようしょく）と栽培漁業のうち，どちらを説明したものですか。

◇　魚や貝を稚魚（ちぎょ）や稚貝になるまで育ててから海や川に放流し，
大きくなってからとる。 （　　　　　）

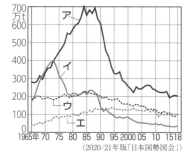

漁業種類別漁獲量の変化

（2020/21年版「日本国勢図会」）

4 右のグラフを見て，次の各問いに答えなさい。

〈(2)は 8 点，他は 5 点×2〉

(1) 次の①と②の文は，中京工業地帯・京浜工業地帯・阪神工業地帯・瀬戸内工業地域のいずれかを説明したものです。それぞれにあてはまるグラフを右の**ア〜エ**から 1 つずつ選び，記号で答えなさい。

① 日本を代表する自動車会社の本社があり，工業出荷額は日本最大である。

② 塩田の跡地や埋立地に広がり，倉敷市水島地区には石油化学コンビナートが形成されている。

① (　　　　) ② (　　　　)

（グラフ）

ア 総額 30.7 兆円　18.6%　35.2　21.9　8.1

イ 総額 33.1 兆円　20.7%　36.9　17.0　11.0

ウ 総額 57.8 兆円　9.4%　69.4　6.2　4.7

エ 総額 26.0 兆円　8.9%　49.4　17.7　11.0

□金属 □機械 ■化学 □食料品 □その他
(2017年)　(2020/21年版「日本国勢図会」)

(2) **ア〜エ**のグラフの工業地帯・地域が属する，帯状に連なる地域を何といいますか。

(　　　　　　　　　　　　)

---

5 右のグラフを見て，次の各問いに答えなさい。

〈(2)は12点，他は 5 点×6〉

(1) 右のグラフ**Ⅰ**の**A〜C**は，主な鉱産資源の日本の輸入先を示したものです。**A〜C**にあてはまる鉱産資源を，次の**ア〜ウ**からそれぞれ選び，記号で答えなさい。

ア 石油　イ 石炭　ウ 鉄鉱石

A (　　　) B (　　　) C (　　　)

Ⅰ

A オーストラリア 58.7%　インドネシア 15.1　ロシア 10.8　アメリカ 7.1　カナダ 5.5　その他

B サウジアラビア 35.8%　アラブ首長国連邦 29.7　カタール 8.8　クウェート 8.5　ロシア 5.4　その他

C オーストラリア 57.3%　ブラジル 26.3　カナダ 6.2　南アフリカ共和国 2.9　アメリカ 1.7　その他

(2019年)　(2020/21年版「日本国勢図会」)

(2) 近年，旅客・貨物輸送において自動車輸送の割合がのびた理由を書きなさい。

(　　　　　　　　　　　　　　　　　)

(3) 右のグラフ**Ⅱ**の**X**と**Y**にあてはまる国を，次の**ア〜エ**からそれぞれ選び，記号で答えなさい。

ア アメリカ　イ 中国

ウ オーストラリア　エ マレーシア

X (　　　) Y (　　　)

(4) **X**国との貿易額を見ると，日本の輸出額が輸入額を大幅に上回っていることがわかります。このことから発生してきた貿易上の問題を何といいますか。

(　　　　　　　　　　　)

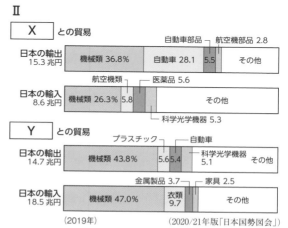

Ⅱ

X との貿易

日本の輸出 15.3 兆円　機械類 36.8%　自動車 28.1　自動車部品 5.5　航空機部品 2.8　その他

日本の輸入 8.6 兆円　機械類 26.3%　航空機類 5.8　医薬品 5.6　科学光学機器 5.3　その他

Y との貿易

日本の輸出 14.7 兆円　機械類 43.8%　プラスチック 5.6　5.4　自動車　科学光学機器 5.1　その他

日本の輸入 18.5 兆円　機械類 47.0%　金属製品 3.7　衣類 9.7　家具 2.5　その他

(2019年)　(2020/21年版「日本国勢図会」)

1 日目　2 日目　3 日目　4 日目　5 日目　6 日目　7 日目　8 日目　9 日目　10 日目

5

日目

日本の諸地域

日本の7つの地方について，自然環境や産業，歴史・文化などの特色を押さえましょう。また，各地方の課題にも着目してみましょう。

基礎の確認

解答▶別冊 p.6

●〔　〕や□□□に適する語句や数字を書き入れましょう。

❶ 九州地方

▶ 自然環境…**阿蘇山**に世界最大級の〔①　　　　　　〕，九州南部には〔②　　　　　〕台地が広がる。南西諸島には**さんご礁**が発達

▶ 火山をいかす…**温泉**による観光や〔③　　　　　〕**発電**がさかん

▶ 産業

　a）農業…**筑紫平野**で**二毛作**，**宮崎平野**で野菜の〔④　　　　　〕栽培，九州南部では**畜産**がさかん

　b）工業…**北九州工業地帯**（地域）で**鉄鋼業**⇨〔⑤　　　　　〕が発生
　　　　└大気汚染や水質汚濁など

❷ 中国・四国地方

▶ 地域区分…〔①　　　　　〕，**瀬戸内**，**南四国**に分けられる
　　　　└中国山地の北側

▶〔②　　　　　〕…**児島−坂出**，**神戸−鳴門**，**尾道−今治**
　　　　　　　　　└瀬戸大橋　　└明石海峡大橋・大鳴門橋　└瀬戸内しまなみ海道

の3つのルートの開通によって移動時間が**短縮**

▶ 産業

　a）農業・水産業…**高知平野**で**促成栽培**，**瀬戸内海**で**養殖業**
　　　　　　　　　　　　　└なす，ピーマンなど

　b）工業…〔③　　　　　〕**工業地域**で**石油化学工業**などが発達
　　　　　　　　　　　　└倉敷市などに石油化学コンビナート

▶ 過疎化…〔④　　　　　〕で地域の活性化を目指す
　　　　　└町おこし・村おこしともいう

❸ 近畿地方

▶ 自然環境…**若狭湾沿岸**や**志摩半島**に**リアス海岸**，中央部に〔①　　　　　〕湖や低地，南部に〔②　　　　　〕山地が広がる
　　　　　　　　└真珠の養殖

▶ 都市と産業…**大阪（京阪神）大都市圏**を形成，1960年代以降は**ニュータウン**を建設⇨近年は建物の**老朽化**や**少子高齢化**が問題に
　　　└大阪，京都，神戸

　a）〔③　　　　　〕**工業地帯**…繊維工業から発展。**中小企業**が多い
　　　　　　　　　　　　　　　　　　　　　└独自の技術をもつ

　b）林業…**紀伊山地**で**吉野すぎ**や**尾鷲ひのき**を生産。高齢化が課題

▶ 歴史…**京都**や**奈良**に歴史的町並みが残る⇨建物の高さなどを制限。**西陣織**などの〔④　　　　　〕の生産がさかん

確認 カルデラ

噴火や陥没によって火山の中心部にできた大きなくぼ地。

（フォト・オリジナル）

くわしく ため池

讃岐平野では，水不足に備えて農業用のため池がつくられた。

（フォト・オリジナル）

確認 本州四国連絡橋

神戸−鳴門ルート

尾道−今治ルート

児島−坂出ルート

くわしく 赤潮

プランクトンが異常発生し，海や湖の水が，赤または褐色に見える現象。工場の廃水や生活排水による富栄養化が原因で，魚介類に被害を与える。かつて琵琶湖で被害が深刻だった。

❹ 中部地方

▶ 地域区分…〔①　　　　　　　〕，**中央高地**，**東海**に分けられる
　└日本海側　　　　　　　　　　　　　　└太平洋側

▶ 産業

　a）**東海**…〔②　　　　　　〕**工業地帯**や**東海工業地域**が発達。渥美
　　　└自動車工業が発達　　　　　　　　　　　　　　　　　　　　　　　　　あつみ
　　半島などで**施設園芸農業**
　　　　　　　└しせつ

　b）**中央高地**…甲府盆地などの**扇状地**で果樹栽培，野辺山原で
　　　　　　　　　　こうふ　ぼん ち　└せんじょうち　└電照菊など　　　 の べ やまはら
　　レタスなどの〔③　　　　　　〕の**抑制栽培**
　　　　　　　　　　　　└ももやぶどうなど　└よくせい

　c）**北陸**…雪が多いことから米の〔④　　　　　　〕を行う。農業
　　のできない冬の副業として〔⑤　　　　　　〕や**伝統産業**が発達
　　　　　　　　　　　　　　　└鯖江市の眼鏡フレームなど　└輪島塗や九谷焼などの生産

❺ 関東地方

▶ 自然環境…〔①　　　　　〕**平野に関東ローム**が広がる。東京の中心
部などで〔②　　　　　　〕**現象**がみられる
　　　　　└都心部の気温が周囲より高くなる

▶ 首都東京…**夜間人口**よりも〔③　　　　　〕**人口**の方が多い⇨**東京大**
　　　　　　　　　　　　　　　　└周辺からの通勤・通学による
都市圏では過密が問題に⇨**再開発**が進む

▶ 産業
　a）工業…〔④　　　　　　〕**工業地帯**や**京葉工業地域**が発達，高
　　　　　　　　　　　　　　　　　　　　　　　└けいよう 化学工業がさかん
　　速道路の整備で内陸の〔⑤　　　　　〕**工業地域**が形成

　b）農業…大都市向けの野菜などを栽培する〔⑥　　　　　〕**農業**

❻ 東北地方

▶ 自然環境…夏に太平洋側に〔①　　　〕が吹くと，日照時間が減
　　　　　　　たいへいよう　　　　　 ふ
り気温が低下し，**冷害**に。**三陸海岸はリアス海岸**
　　　　　　　　　　　　さんりく

▶ 伝統行事…**青森ねぶた祭**や**秋田**〔②　　　　〕，**仙台七夕まつり**
　　　　　　└東北三大祭り　　　　　　　　　　　└せんだいたなばた

▶ 産業
　a）農業…1970年代から〔③　　　　　〕によって転作が進
　　　　　　　　　　　　　　　　　└米の生産量を減らす
　　む。**津軽平野**で〔④　　　　　〕，**山形盆地**でさくらんぼなど
　　　　　 つがる

　b）工業…**伝統産業**。高速道路の整備で〔⑤　　　　〕を形成
　　　　　　　　　　　　　　　　　　　　　　└半導体や自動車など

▶ **東日本大震災**…災害に強いまちづくりが進められる
　　└だいしんさい

❼ 北海道地方

▶ 自然環境…冬のオホーツク海で〔①　　　　〕がみられる。太平洋
側では夏に〔②　　　　〕が発生
　　　　　　　└季節風が親潮に冷やされて起こる

▶ 歴史…〔③　　　　　〕の人々。明治時代に〔④　　　　〕を置く
　　　　　　　└先住民族　　　　　　　　　　　　　　　　　　めい じ

▶ 農業…**石狩平野**で〔⑤　　　　〕，**十勝平野**で畑作，**根釧台地**では
　　　　　いしかり　　　　　　　　　　　　　と かち　　　　　　　 こんせん
〔⑥　　　　〕
　　└泥炭地を客土で改良　　　└輪作を行う

▶ 環境保全…〔⑦　　　　　　〕が広がる
　　　　　　　└観光と環境保全の両立

1
日目

2
日目

3
日目

4
日目

5
日目

6
日目

7
日目

8
日目

9
日目

10
日目

くわしく　輪中
　　　　　　　わ じゅう

田畑や家を水害から守るため
に，周りを堤防で囲んだ集落。
　　　　　　　ていぼう
濃尾平野に見られる。
のう び

(東阪航空サービス／PPS通信社)

確認　主な農作物の生産量
　　　　　の割合

米 (2019年)	新潟 8.3%	北海道 7.6 秋田 6.8	山形 5.2 宮城 4.9		その他
キャベツ (2018年)	群馬 18.8%	愛知 16.7		その他	
白菜 (2018年)	茨城 26.5%	長野 25.4		その他	
さくらんぼ (2018年)	山梨 6.0	山形 78.5%		その他	

米：千葉 8.5 茨城 7.5 鹿児島 5.2

(2020/21 年版「日本国勢図会」)

くわしく　やませ

夏に東北地方の太平洋側に吹
く，北東の冷たい風。この風が
吹くと，農作物が十分に実らず，
生産量が減ることがある(冷害)。

くわしく　輪作
　　　　　　　りん さく

十勝平野では，地力の低下を
防ぐために，年ごとに栽培する
作物を変えている。

確認　農家一戸あたりの
　　　　耕地面積

北海道では，大型の機械を用
いて，広大な土地を耕している。

北海道 23.8ha (2015年)	北海道以外の 都府県の平均 1.6ha (「農林業センサス」)

5日目

実力完成テスト

*解答と解説…別冊 p.6
*時　間………20分
*配　点………100点満点

得点

点

---

1 右の地図を見て，次の各問いに答えなさい。　　　　　　　　　　〈3点×7〉

(1) 地図中の**A**の県が位置する地域を，次の**ア**～**エ**から
1つ選び，記号で答えなさい。

ア 東海（とうかい）　**イ** 南四国　**ウ** 山陰（さんいん）　**エ** 瀬戸内（せとうち）

（　　　）

(2) 地図中の**B**の県と岡山県とを結ぶ本州四国連絡橋（れんらく）の
1つを何といいますか。　　　（　　　　　　　　）

(3) 地図中の**D**の県などに広がる火山の噴出物（ふんしゅつぶつ）が積もって
できた台地を何といいますか。　（　　　　　　　　）

(4) 次の①～③の文にあてはまる県を，地図中の**A**～**E**か
らそれぞれ選び，記号で答えなさい。

① かつて八幡製鉄所（やはた）を中心に北九州工業地帯（地域）が発展（はってん）した。

② かきの養殖（ようしょく）がさかんで，生産量は日本一である。

③ さんご礁（しょう）などの自然や琉球王国（りゅうきゅう）の文化をいかした観光業がさかん。

①（　　　）②（　　　）③（　　　）

(5) 右の雨温図にあてはまる都市を，地図中の**ア**～**エ**から1つ選び，記号で
答えなさい。　　　　　　　　　　　　　　　　　（　　　）

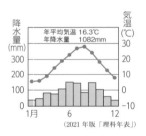

年平均気温 16.3℃
年降水量　1082mm

（2021年版「理科年表」）

---

2 右の地図を見て，次の各問いに答えなさい。　　　　　　　　　　〈3点×5〉

(1) 地図中の**X**の湖を何といいますか。　　（　　　　　　　）

(2) 地図中の**Y**の都市の臨海部を埋（う）め立ててつくられた人工島を何と
いいますか。　　　　　　　　　　　（　　　　　　　）

(3) 次の①と②の文にあてはまる府県を，地図中の**A**～**D**からそれぞ
れ選び，記号で答えなさい。

① かつて平安京（へいあんきょう）が置かれ，現在でも歴史的な町並みが残っている。

② リアス海岸である志摩（しま）半島では，真珠（しんじゅ）の養殖がさかんである。

①（　　　）②（　　　）

(4) 右のグラフは，みかんの都道府県別生産量割合です。グラフ
中の**Z**にあてはまる県を，地図中の**A**～**D**から1つ選び，記号
で答えなさい。　　　　　　　　　　　　　　　　（　　　）

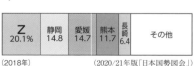

Z 20.1%	静岡 14.8	愛媛 14.7	熊本 11.7	長崎 6.4	その他

（2018年）　　　　　　　　（2020/21年版「日本国勢図会」）

3 右の地図を見て，次の各問いに答えなさい。　　　〈4点×8〉

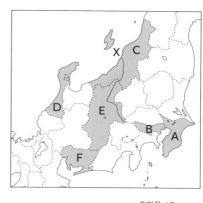

(1) 地図中の**X**の河川名を，次の**ア〜エ**から1つ選び，記号で答えなさい。

　　ア 利根川（とね）　**イ** 木曽川（きそ）　**ウ** 信濃川（しなの）　**エ** 天竜川（てんりゅう）

　　　　　　　　　　　　　　　　　　　　（　　　　　）

(2) 右下のグラフ①と②は，地図中の**A〜F**のいずれかの都県が属する工業地帯（地域）の工業出荷額の割合です。①と②にあてはまる工業地帯（地域）名を答えなさい。

　　　　　　　①（　　　　　　　　　）　②（　　　　　　　　　）

(3) 地図中の**B**の都心部などでみられる，周辺地域に比べて気温が高くなる現象を何といいますか。　　（　　　　　　　　　　）

(4) 地図中の**B**などの大都市に向けた農作物を栽培（さいばい）する農業を何といいますか。　　　　　　　（　　　　　　　　　　）

(5) 地図中の**C**と**D**で生産している伝統的工芸品を，次の**ア〜エ**からそれぞれ選び，記号で答えなさい。

　　ア 輪島塗（わじまぬり）　**イ** 越前焼（えちぜんやき）　**ウ** 高岡銅器（たかおかどうき）　**エ** 小千谷ちぢみ（おぢや）　　**C**（　　）　**D**（　　）

(6) 地図中の**E**の生産量が日本一の農作物を，次の**ア〜エ**から1つ選び，記号で答えなさい。

　　ア なす　**イ** たまねぎ　**ウ** レタス　**エ** じゃがいも　　　　（　　　）

グラフ：
				食料品 4.7	繊維 0.8
①	金属 9.4%	機械 69.4	化学 6.2	その他	
②	21.5%	13.1	39.9	15.8	その他 0.2

(2017年)　　　　　　　　　（2020/21年版「日本国勢図会」）

---

4 次の各問いに答えなさい。　　　〈4点×8〉

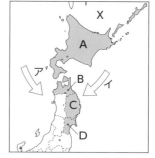

(1) 地図中の**X**の海を何といいますか。　　（　　　　　　　　　）

(2) 東北地方に吹（ふ）き，夏に冷害をもたらすことがある風を何といいますか。また，その風が吹く向きを，地図中の**ア**，**イ**から1つ選び，記号で答えなさい。　　風の名称（めいしょう）（　　　　　　　）　向き（　　）

(3) 地図中の**A**の地域に古くから暮（く）らす先住民族を何といいますか。

　　　　　　　　　　　　　　　　　　　（　　　　　　　　　）

(4) 次の①〜③に最も関係の深い道県を，地図中の**A〜D**からそれぞれ選び，記号で答えなさい。

　　① 南部鉄器（なんぶてっき）　② ねぶた祭　③ 流氷

　　　　　　　　①（　　）　②（　　）　③（　　）

(5) 右のグラフは，ある農作物の都道府県別生産量の割合です。あてはまる農産物を，次の**ア〜エ**から1つ選び，記号で答えなさい。

　　ア もも　**イ** ぶどう　**ウ** すいか　**エ** りんご

　　　　　　　　　　　　　　　　　　　　（　　　）

グラフ：
- 福島 3.4
- 山形 5.5
- 岩手 6.3
- 長野 18.8
- 青森 58.9%
- その他

(2018年)(2020/21年版「日本国勢図会」)

1 日目　2 日目　3 日目　4 日目　5 日目　6 日目　7 日目　8 日目　9 日目　10 日目

文明のおこりと古代の日本

それぞれの古代文明の特色を混同しないように覚えましょう。また，縄文時代から平安時代までの日本の様子を，押さえましょう。

基礎の確認

解答▶別冊 p.7

●〔　〕や□□□に適する語句や数字を書き入れましょう。

① 古代文明のおこりと日本のあけぼの

▶古代文明のおこりと発展

　a）**エジプト文明**…〔①　　　　　〕暦，**象形文字**の使用
　　　　　　　　　　　　　　　　└神聖文字

　b）**メソポタミア文明**…**太陰暦**，〔②　　　　　〕**文字**の使用

　c）**インダス文明**…都市施設の整備，**インダス文字**の使用

　d）**中国文明**…〔③　　　　　〕**文字**の使用，**孔子**が**儒学**（**儒教**）
　　　　　　　　　└漢字のもととなる
　　を説く，**漢**の時代に**シルクロード**（絹の道）が開かれる

▶ギリシャとローマの文明

　a）**ギリシャ**…〔④　　　　　〕で**民主政**を行う
　　　　　　　　　└都市国家

　b）**ローマ**…紀元前１世紀に**ローマ帝国**が成立
　　　　　　　　　　　　　　　　　└帝政を行う

▶日本のあけぼの

　a）**旧石器時代**…１万年以上前，〔⑤　　　　　〕**石器**を使用
　　　　　　　　　　　　　　　　　└石を打ち欠いてつくる

　b）**縄文時代**…採集・狩り・漁の暮らし，〔⑥　　　　　〕**住居**に住
　　む，**縄文土器**・**土偶**をつくる

　c）**弥生時代**…稲作の開始（**高床倉庫**に稲を保管），**青銅器**（銅
　　剣・〔⑦　　　　　〕・銅矛など）・**鉄器**・**弥生土器**の使用
　　　　　└脱穀の様子などが描かれている

② 古代国家のおこりと歩み

▶支配者の出現…小国の分立。**奴国**の王が**漢**から**金印**を授かる
　　　　　　　　　　　　　　なのくに　　　　　　　　　（57年）

▶**邪馬台国**…**卑弥呼**が治める。中国の〔①　　　　　〕に使いを送る
　やまたいこく　ひみこ　　　　　　　　　　　　　　　　　（239年）

▶**大和政権**の成立（３世紀後半）…**大王**を中心に豪族が連合
　やまと　　　　　　　　　　　　　　　おおきみ
　└ヤマト王権　　　　　　　　　　　　　└だいおう

　a）**古墳**…**前方後円墳**の建設，〔②　　　　　〕の出土
　　　　こふん　　　　　　　　　　　　　　└古墳の崩れ止めや飾り
　　　　└大王や有力な豪族の墓

　b）〔③　　　　　〕…**漢字**・**儒教**・**仏教**などを日本に伝える
　　　　　　　　　　　じゅきょう
　　　　└主に朝鮮半島から来た人々

▶**聖徳太子**の政治
　しょうとくたいし
　└厩戸皇子（うまやどのおうじ），厩戸王（うまやとおう）

　a）政治…**冠位十二階**，〔④　　　　　〕を定める
　　　　　　かんい　　　　　　└役人の心構えを示す

　b）外交…**隋**（中国）に〔⑤　　　　　〕を派遣
　　　　　　ずい　　　　　└小野妹子（おののいもこ）ら　はけん

　c）**飛鳥文化**…日本で最初の仏教文化（**法隆寺**，**釈迦三尊像**など）
　　　　あすか　　　　　　　　　　　　　　ほうりゅうじ　　しゃかさんぞんぞう

確認 古代文明の発祥地

　古代文明はそれぞれ，大河の流域でおこった。

ミス注意 縄文土器と弥生土器

●**縄文土器**…**縄目**の文様がついたものが多い。黒ずんだ茶色で，**もろくて厚手**。
　　　　　　なわめ　もんよう

（津南町教育委員会）

●**弥生土器**…飾りが少ない。赤褐色で，縄文土器より**薄くて，かたい**。
　かっしょく　　　　　　　　　　　うす

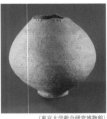

（東京大学総合研究博物館）

くわしく 仏教の伝来

　仏教は紀元前６～５世紀ごろにインドでおこった。その後，中国をへて，6世紀に朝鮮半島の**百済**から日本に公式に伝えられた。
　　　　　　　　　　　　　ひゃくさい
　　　　　　　　　　　　　ベクチェ

❸ 律令国家の成立

▶ 〔①　　　　　　　　〕…645年，**中大兄皇子・中臣鎌足**らが，**蘇我氏**をたおし，改革を始める⇨土地と人民を**公地・公民**とする

▶ 〔②　　　　　　　〕の戦い…663年，**唐**と**新羅**の連合軍に大敗
└百済の復興を支援するため

▶ 〔③　　　　　　〕の乱…672年，**天智天皇**のあと継ぎをめぐる争い
⇨**天武天皇**が即位

▶ **大宝律令**…**唐**の制度にならい，701年に制定

▶ 律令政治のしくみ
　a）〔④　　　　　　　　　　　〕…6歳以上の男女に**口分田**を貸し与える⇨死ぬと国に返させる
　b）**租・調・庸**…農民が稲や特産物などを納める

▶ 奈良時代の様子
　a）**平城京**…唐の都〔⑤　　　　　　〕にならい，**奈良**に都をつくる（710年）
　b）**聖武天皇**の政治…仏教の力で国を守ろうと，都に**東大寺**と大仏，国ごとに**国分寺・国分尼寺**をつくる
　c）公地・公民のくずれ…〔⑥　　　　　　　　〕の制定⇨**荘園**の発生
└土地の永久私有を認める
　d）**天平文化**…〔⑦　　　　　　　〕の派遣⇨**唐**の文化の影響を受けた国際色豊かな文化

▶ **建築**…校倉造の**正倉院**（**東大寺**），**唐招提寺**

▶ **文学**…『⑧　　　　　　　』，『**古事記**』，『**日本書紀**』，『**風土記**』
└和歌集

❹ 平安時代の様子

▶ **平安京**…794年，〔①　　　　　　〕天皇が**京都**に都を移す。蝦夷を従わせるために，**坂上田村麻呂**を**征夷大将軍**に任命

▶ 初期の仏教…**最澄**が〔②　　　　〕宗，**空海**が〔③　　　　〕宗を開く

▶ 摂関政治
　a）しくみ…藤原氏が娘を天皇のきさきとし，生まれた子を次の天皇に立てる⇨**摂政・関白**となり政治の実権を握る
　b）時期…〔④　　　　　　　〕・**頼通**の時代が全盛
（11世紀前半）

▶ 〔⑤　　　　　〕**文化**…唐の文化をもとにした，日本の風土や生活に合った貴族文化

建築	**寝殿造**の邸宅
文学	**仮名文字**の普及⇨『⑥　　　　　　』**物語**』（**紫式部**），『**枕草子**』（**清少納言**），『**古今和歌集**』（**紀貫之**ら）
仏教	**浄土信仰**の広まり⇨〔⑦　　　　　　　〕や**中尊寺金色堂**の建築

1 日目
2 日目
3 日目
4 日目
5 日目
6 日目
7 日目
8 日目
9 日目
10 日目

くわしく 公地・公民
　それまで各地の豪族が私有していた土地と人民を，国家が直接支配すること。

ミス注意 租・調・庸
　それぞれの税の内容を混同しないようにしよう。

租	口分田の収穫高の約3％の稲を納める
調	織物や魚などの地方の特産物を納める
庸	労役の代わりに布を納める

確認 遣唐使
　唐の進んだ制度や文化を吸収することや，国際情勢をつかむことを目的に唐に派遣された使節団。630年から894年まで，十数回派遣された。

⇧遣唐使の航路

ミス注意 摂政・関白
●**摂政**…天皇が幼少・病弱のときや女性のときに，天皇に代わって政治を行う役職。
●**関白**…成人した天皇を助けて政治を行う役職。

年代記憶術

894年　遣唐使の停止

894
白紙にもどす　　遣唐使

⇧平等院鳳凰堂　　　　（平等院）

実力完成テスト

* 解答と解説…別冊 p.7
* 時　間………20分
* 配　点………100点満点

得点

　　　　点

1 次のAとBの文を読み，あとの各問いに答えなさい。　　　　　〈(3)の特色は8点，他は4点×7〉

A 　大陸から稲作が伝わり，各地に広まった。また，貧富の差が生じ，支配者となる者が現れて，小さな国々ができた。

B 　人々は磨製石器を使用し，狩りや採集の生活をしていた。狩りや採集で得た食料は公平に分け，道具などは共同で使っていた。

(1) 　AとBの文はそれぞれ，日本の何という時代を説明したものですか。

A （　　　　　　　） B （　　　　　　　）

(2) 　次の①～④の語句は，AとBの文のどちらの時代と関係が深いですか。Aに関係が深いものには
A，Bに関係が深いものにはB，両方に関係が深いものにはCと書きなさい。

① 貝塚　　② 高床倉庫　　③ 銅鐸　　④ 竪穴住居

① （　　　　） ② （　　　　） ③ （　　　　） ④ （　　　　）

(3) 　右の写真は，AとBのどちらの時代につくられた土器ですか。記号で答えなさい。また，この土器の特色を簡潔に答えなさい。

記号 （　　　　）

特色 （　　　　　　　　　　　　　　　　　　）

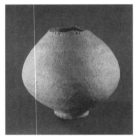

（東京大学総合研究博物館）

2 次の文を読み，あとの各問いに答えなさい。　　　　　〈4点×6〉

　紀元前後の日本は，100余りの小国が分立していた。このうち，①九州北部にあった国の王は漢の皇帝に貢物をおくり，金印を与えられた。3世紀になると②女王によって治められていた国が30国ほどを従え，まじないによる政治を行っていたが，やがて，③大和など近畿地方の豪族を中心とした勢力がおこり，5世紀ごろまでに日本の大部分をその支配下に置いた。

(1) 　下線部①～③にあてはまる国や政権の名を答えなさい。

① （　　　　　　　） ② （　　　　　　　） ③ （　　　　　　　）

(2) 　下線部②の国で，まじないによる政治を行った女王は誰ですか。名前を答えなさい。

（　　　　　　　　　　　）

(3) 　下線部③の勢力に仏教や漢字などを伝えた，中国や朝鮮半島から移住してきた人々を何といいますか。

（　　　　　　　　　）

(4) 　右の写真は，下線部①～③の国のうち，どの国や勢力と最も関係が深いですか。1つ選び，番号で答えなさい。

（　　　　　　　）

（学研資料課）

3 右の年表を見て，次の各問いに答えなさい。 〈4点×5〉

(1) ｜ a ｜と｜ b ｜にあてはまる語句を，次の**ア～エ**からそ
れぞれ選び，記号で答えなさい。

　ア　唐　　イ　京都　　ウ　奈良　　エ　隋

　　　　　　　　　　　　a（　　）b（　　）

(2) 右の**資料**は何というきまりですか。また，この**資料**と関係
が深いできごとを，年表中の下線部①～④から1つ選び，番
号で答えなさい。

　　　　　きまり（　　　　　　　）　番号（　　　）

(3) 次の**ア～エ**の文のうち，年表中の**X**のできごとを正しく説
明したものはどれですか。1つ選び，記号で答えなさい。

　ア　新しく開墾した土地は，3代に限って私有を認めた。

　イ　新しく開墾した土地の永久私有を認めた。

　ウ　6歳以上の男女に口分田を貸し与え，死ぬと国に返させた。

　エ　各地の豪族が支配していた土地や人民を，国家の直接支配の
もとに置いた。

　　　　　　　　　　　　　　　　　（　　　　　）

593	①聖徳太子が政治に参加する
607	小野妹子が｜ a ｜に派遣される
645	②大化の改新が始まる
672	③壬申の乱が起こる
701	④大宝律令が制定される
710	｜ b ｜に都が移される
743	墾田永年私財法が定められる…X
784	長岡に都が移される

資料

> 一に曰く，和をもって貴しとなし，さ
> からふことなきを宗とせよ。
> 二に曰く，あつく三宝を敬へ。
> 三に曰く，詔をうけたまはりては必ず
> つつしめ。　　　　　（一部要約）

---

4 次の**A～D**の文を読み，あとの各問いに答えなさい。 〈4点×5〉

A 藤原道長が摂政となり，政治の実権を握った。
B 菅原道真の提案により，遣唐使が停止された。
C 坂上田村麻呂を征夷大将軍に任命した。
D 桓武天皇が平安京に都を移した。

(1) **A～D**を年代の古い順に並べかえなさい。

　　　　　　　（　　　　→　　　　→　　　　→　　　　）

(2) **A**のころに栄えていた文化の説明として適切なものを，次の**ア～ウ**から1つ選び，記号で答えな
さい。また，この文化のころにつくられたものを，下の語群から2つ選びなさい。

　ア　唐の影響を受けた国際的な文化　　　イ　日本初の仏教文化

　ウ　日本の風土や生活に合った貴族文化

　　語群 | 唐招提寺　万葉集　法隆寺　古今和歌集
平等院鳳凰堂　東大寺　古事記 |

　　説明（　　　）　語群（　　　　）（　　　　）

(3) **C**の下線部の人物が，蝦夷を攻める拠点とした多賀城の位置を，
右の地図中の**ア～エ**から1つ選び，記号で答えなさい。（　　　）

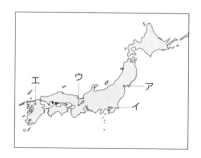

中世社会の展開

鎌倉幕府のしくみがよく出題されます。また，鎌倉時代・室町時代の文化については，写真を使った問題がよく出るので，区分できるようにしましょう。

基礎の確認

解答▶別冊 p.8

●〔　〕や□□□に適する語句を書き入れましょう。

❶ 武士のおこり

▶ 武士の成長…〔①　　　　〕・平氏が台頭。東北地方で奥州藤原氏が力をもつ
（中尊寺金色堂を建てる）

▶ 〔②　　　　〕…退位した天皇が，上皇として政治を行う

▶ 平氏の台頭…保元の乱，平治の乱後，〔③　　　　〕が権力を
（1156年）（1159年）
握り，1167年に太政大臣に就く⇨日宋貿易を行う
（兵庫の港を整備）

▶ 平氏の滅亡…1185年，壇ノ浦で源氏に敗れ，平氏が滅びる

❷ 鎌倉幕府の成立

▶ 鎌倉幕府の成立…1185年，〔①　　　　　　　〕が守護・地頭を設置。
1192年，源頼朝が〔②　　　　　　　〕に任命される

▶ 鎌倉幕府のしくみ

将軍 ─ 執権

鎌倉 ── 侍所（御家人の統率）
　　　　政所（政治一般を見る）
　　　　問注所（訴訟・裁判を担当）
京都 ── 〔③　　　　　〕（承久の乱後設置）
地方 ── 守護と地頭

▶ 封建制度の成立…将軍と御家人が御恩と奉公の関係を結ぶ

▶ 執権政治…〔④　　　　〕氏が代々，執権として政治を行う

▶ 承久の乱　a）経過…1221年，〔⑤　　　　〕が挙兵⇨幕府方勝利
　　　　　　b）結果…朝廷監視のために〔③　　〕を設置

▶ 〔⑥　　　　〕…1232年，北条泰時が制定。最初の武家法
（御家人に裁判の基準を示す）

❸ 鎌倉時代の文化

▶ 新しい仏教の誕生…わかりやすく信仰しやすい

宗派		開祖	宗派		開祖
念仏宗	浄土宗	①		日蓮宗	日蓮
	②　　　宗	親鸞	禅宗	③　　　宗	栄西
	時宗	一遍		曹洞宗	④

（東大寺／撮影：飛鳥園）

⬆東大寺南大門の金剛力士像
運慶・快慶らの作で，力強い武家文化の気風をよく表している。

❹ 元寇と鎌倉幕府の滅亡

▶元…13世紀初め，**チンギス＝ハン**がモンゴル帝国を建国⇨

[① 　　　　　　　　　　　]が国号を元と定め，**高麗**を征服
└5代皇帝　　　　　　　　　　　　　　　　　　　コリョ

元寇 {
　a）原因…[② 　　　　　　　　]が元への服属を拒否
　　　　　└8代執権
　b）経過…元軍が二度にわたり襲来⇨暴風雨などで元が退却
　　　　　　　　　　　　　　　　　　（1274年，1281年）
　c）結果…幕府の財政難⇨御家人の不満が高まる
}

▶鎌倉幕府の滅亡…御家人の生活苦を救うため，[③ 　　　　　　]令
を出す⇨経済が混乱⇨倒幕の動き⇨1333年，鎌倉幕府が滅亡
　　　　　　　　　　└借金の帳消し

❺ 建武の新政と室町幕府の成立

▶建武の新政…[① 　　　　　　]天皇の政治⇨武士の不満が高まる
　└公家を重視
▶南北朝の動乱…南朝と北朝に分裂⇨足利義満のときに南北朝統一
　　　　　　　　　　　　　　　└3代将軍　　　　　　（1392年）
▶室町幕府の成立
　a）成立…1338年，[② 　　　　　　]が京都に開く
　b）しくみ…[③ 　　　　　　]が将軍を補佐
▶[④ 　　　　　　]貿易…足利義満が**明**との間で開始
　└証明書を使った貿易

❻ 民衆の成長と戦国大名

▶産業の発達…定期市が発達。[① 　　　　　]の発達。高利貸しの土
　　　　　　　　　　　　　　　└商工業者の同業組合
倉・酒屋，運送業者の問（問丸）・馬借などが成長
▶都市の発達…[② 　　　　]や**博多**など，自治都市が生まれる
　　　　　　　└現在の大阪府にある都市
▶農民の成長…農民が[③ 　　　　]を結成。**土一揆**を起こす
　　　　　　　　　　　└自治組織
▶[④ 　　　　　]の乱（1467～77年）
　a）原因…**守護大名**の対立，8代将軍**足利義政**のあと継ぎ争い
　b）結果…戦乱が全国に広まる⇨**戦国時代**へ
▶**戦国大名**…**下剋上**の世で誕生。[⑤ 　　　　　]**法**で領国を支配

❼ 室町時代の文化

▶芸能…**観阿弥・世阿弥**が[① 　　　　　]を大成
▶**東山文化**…足利義政のころ栄えた簡素で深みがある文化

●足利義政が建てた
[② 　　　　]

●代表的な建築様式
[③ 　　　　]

[④ 　　　]
が描いた**水墨画**

1日目　2日目　3日目　4日目　5日目　6日目　**7日目**　8日目　9日目　10日目

くわしく　室町幕府のしくみ

管領は鎌倉幕府の執権に相当する役職で，将軍を補佐し，中央の機関全般を統轄した。

```
                将軍
     ┌───────┼───────┐
    地方    関東    管領    京都
     │       │       │
   守護・   鎌倉府  ┌──┼──┐
   地頭          問注所 政所 侍所
```

くわしく　勘合貿易

足利義満が**明**と始めた貿易。貿易の際，倭寇（海賊行為をする集団）と区別するために勘合という証明書を正式な貿易船に与えたことから，日明貿易は勘合貿易とも呼ばれる。

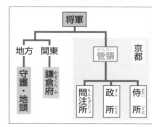
⬆勘合

確認　東アジアの様子

●朝鮮国…14世紀末，高麗を滅ぼして建国される。
●琉球王国…15世紀前半，尚氏が沖縄島を統一して建国。**中継貿易**で栄える。
●アイヌ民族…和人（本州の人々）などと交易。15世紀，コシャマインの戦いが起こる。

確認　土一揆

徳政令を出すことや，年貢の引き下げなどを要求して行われた民衆の一揆。

くわしく　書院造

禅宗寺院の様式を取り入れた建築様式。たたみを敷き，床の間を設けるなど，現在の和風建築のもととなった。

7日目 実力完成テスト

＊解答と解説…別冊 p.8
＊時　間………20分
＊配　点………100点満点
得点

点

1 次の**A〜E**のカードを見て，あとの各問いに答えなさい。　　〈5点×11〉

A
これを退けた。
の襲来を受けたが，
二度にわたって元

B
れて隠岐に流された。
めに兵を挙げたが，敗
鎌倉幕府を倒すた

C
の武家法を制定した。
ために，日本で最初
裁判の基準を示す①

D
に征夷大将軍となった。
設置を認めさせ，のち
朝廷に守護と地頭の②

E
と貿易を行った。
太政大臣に就き，宋
武士として初めて

(1) **A〜E**は，平安時代から鎌倉時代にかけて活躍した人物の業績を書いたカードです。それぞれにあてはまる人物を，次の**ア〜オ**から選び，記号で答えなさい。

　　ア 源頼朝　　**イ** 後鳥羽上皇　　**ウ** 北条時宗　　**エ** 平清盛　　**オ** 北条泰時

　　　A（　　）　　B（　　）　　C（　　）　　D（　　）　　E（　　）

(2) **A〜E**のカードを年代の古い順に並べかえなさい。

　　　（　　　　→　　　　→　　　　→　　　　→　　　　）

(3) カード**A**の結果，日本はどうなりましたか。正しいものを次の**ア〜エ**から1つ選び，記号で答えなさい。

　　ア 元から奪った土地を御家人に分け与えたことから，幕府と御家人の結びつきが強まった。
　　イ 幕府は財政難におちいり，恩賞の領地が十分に与えられなかった御家人の不満が高まった。
　　ウ 日本と元は講和して両国間の貿易がさかんになり，文化の交流が深まった。
　　エ 日本は元まで攻め入り，元を服属させた。

　　　　　　　　　　　　　　　　　　　　　　　　　　　　（　　　　）

(4) カード**B**の結果，朝廷の監視や西国武士の支配にあたる役所が置かれました。この役所を何といいますか。また，この役所が置かれた位置を，右の地図中の**ア〜エ**から1つ選び，記号で答えなさい。

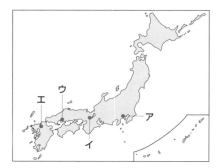

　　　　役所名（　　　　　　　　）　位置（　　）

(5) カード**C**の傍線部①の法を何といいますか。

　　　　　　　　　　（　　　　　　　　　　）

(6) カード**D**の傍線部②の仕事を説明した文を次の**ア〜エ**から1つ選び，記号で答えなさい。

　　ア 裁判に関する仕事を行った。　　　　**イ** 荘園の管理や年貢の取り立てを行った。
　　ウ 諸国の軍事と警察の仕事を行った。　**エ** 御家人の統率を行った。

　　　　　　　　　　　　　　　　　　　　　　　　　　　　（　　　　）

2 次の各問いに答えなさい。 〈4点×5〉

(1) 次の①～③の文は，それぞれ鎌倉時代に広まった仏教の宗派について説明したものです。このうち，下線部が正しいものには○を，誤っているものには正しい語句を書きなさい。

① 親鸞は浄土真宗を開き，罪悪を自覚した悪人こそが救われると説いた。

② 道元は題目「南無妙法蓮華経」を唱えれば，人も国家も救われると説いた。

③ 法然は全国各地を歩き，「踊念仏」によって教えを広めた。

① （　　　　　　　） ② （　　　　　　　） ③ （　　　　　　　）

(2) 右の写真は，東大寺南大門に安置されている仁王像である。この像について，次の各問いに答えなさい。

（東大寺／撮影：飛鳥園）

① この像を何といいますか。

（　　　　　　　　　）

② この像からは，鎌倉時代の文化の特色がみられます。鎌倉時代の文化の特色について簡潔に書きなさい。

（　　　　　　　　　　　　　　　　　　　　）

3 右の資料を見て，次の各問いに答えなさい。 〈5点×5〉

(1) 資料Ⅰは，室町幕府のしくみを示した図です。室町幕府は鎌倉幕府のしくみにならいましたが，図には，鎌倉幕府にはなかった役職（役所）が2つあります。その2つを書きなさい。

（　　　　　　　　） （　　　　　　　　）

資料Ⅰ

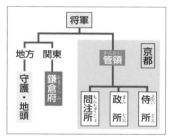

(2) 資料Ⅱがつくられた時代と同じ時代につくられていないものを，次の語群からすべて選びなさい。

語群〔 方丈記　水墨画　御伽草子　能　平家物語 〕

（　　　　　　　　　　　　　　）

資料Ⅱ

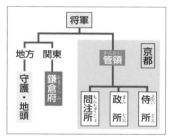
（絵・卯月）

(3) 資料Ⅲについて，次の各問いに答えなさい。

① 資料Ⅲは，戦国大名が自分の領国を治めるために定めた法の一部です。このような法を何といいますか。

（　　　　　　　　　）

② この法ができたころのできごととして正しいものを，次のア～エから1つ選び，記号で答えなさい。

ア 南北朝が統一され，室町幕府が最盛期を迎えた。

イ 身分の下の者が実力で上の者を倒す下剋上の世となった。

ウ 公家中心の政治に不満をもった武士たちが反乱を起こした。

エ 守護が荘園や公領を侵略して力を蓄え，守護大名になった。

資料Ⅲ

一、けんかをしたときは，理非を問わず両方罰する。
一、許しを得ないで他国に手紙を出してはならない。
（甲州法度之次第＝武田氏）

（　　　　）

29

歴史

近世の日本と世界

新航路開拓のころの世界と日本とのつながりをおさえましょう。また，江戸時代の主な改革は混同しやすいので，重点的に覚えておきましょう。

基礎の確認

解答▶別冊 p.9

●〔　　〕や　　　に適する語句を書き入れましょう。

① イスラム世界とヨーロッパ世界の展開

▶ イスラム帝国
- a）発展…8世紀に大帝国となる
- b）貿易…ヨーロッパ・アジアとの貿易で利益を得る

▶〔①　　　　　　　〕の遠征…ローマ教皇の呼びかけでイスラム勢力から聖地エルサレムの奪回を図る⇨イスラム文化がヨーロッパへ。

▶〔②　　　　　　　〕…14世紀にイタリアで始まった文芸復興

▶宗教改革…ドイツで〔③　　　　　　　〕が免罪符に抗議⇨新教の誕生
　　　　　　　　　　　　　　└買うと罪が許されるとした札　└プロテスタント

▶旧教の動き…〔④　　　　　　　〕会をつくり，世界各地で布教
　　　　　　　└カトリック

▶新航路の開拓…海路からアジアの産物を求める
- a）〔⑤　　　　　　　〕…西インド諸島に到達
- b）〔⑥　　　　　　　〕…インド航路を開拓
- c）マゼランの船隊…世界一周を達成

② ヨーロッパ人の来航と全国統一

▶〔①　　　　　　　〕の伝来…1543年，ポルトガル人が種子島に伝える
　　　　　　　　　　　　　　　　　　　　　　　└鹿児島県

▶キリスト教の伝来…1549年，〔②　　　　　　　〕が伝える

▶織田信長の統一事業
- a）経過…室町幕府を滅ぼす，長篠の戦いに勝利
　　　　　　　　　　　　　　　└鉄砲を有効に使い武田氏を破る
- b）〔③　　　　　　　〕…市場の税を免除し，座の特権を廃止
　　　　　　　　　　　　　　　　　　　　└ 廃止 └座
- c）〔③　　　　　　　〕…市場の税を免除し，座の特権を廃止

▶豊臣秀吉の全国統一…1590年に全国統一を達成
- a）太閤検地…田畑の面積などを調べ，生産量を石高で表す
- b）〔④　　　　　　　〕…農民や寺院などから武器を取り上げる
- c）朝鮮侵略…二度にわたり，朝鮮に攻めこむ⇨失敗

▶桃山文化…大名や大商人の気風を反映した，豪華で壮大な文化
- a）建築…姫路城など壮大な〔⑤　　　　　　　〕をもつ城
- b）芸術…唐獅子図屏風（狩野永徳），茶の湯（〔⑥　　　　　〕），
　　　　　　　　　　　　　　　　　　　　　　　　　　└わび茶を完成
　かぶき踊り（出雲の阿国）

くわしく **新航路の開拓**

ポルトガルやスペインを先がけに大航海時代が始まる。

コロンブス（1492～93年）　バスコ=ダ=ガマ（1497～98年）　マゼランの船隊（1519～22年）

くわしく **ポルトガルとスペインの世界進出**

新航路が開拓されると，ポルトガルは，ゴア（インド）やマラッカ（マレー半島）などを根拠地にアジア貿易を独占した。また，スペインはアメリカ大陸に進出しアステカ王国とインカ帝国を滅ぼし，植民地化した。

確認 **刀狩の目的**

豊臣秀吉は，農民の一揆を防ぎ，農民を田畑の耕作に専念させるために刀狩を行った。

一．諸国の百姓たちが，刀・脇差・弓・槍・鉄砲その他の武具類を持つことをかたく禁止する…　　　　（一部要約）

➡刀狩令

➡唐獅子図屏風（狩野永徳作）
（宮内庁三の丸尚蔵館）

❸ 江戸幕府の成立と改革

▶ 成立…〔① 　　　　　　　 〕が1603年に**征夷大将軍**となり，**江戸幕府**を開く
└関ヶ原の戦いに勝利

▶ **幕藩体制**…将軍を中心に，幕府と藩が土地と人民を支配

▶ しくみ…〔② 　　　　　　 〕が常設の最高職。**三奉行**（**寺社奉行**・**町奉行**・**勘定奉行**）が政務を分担。京都に**京都所司代**を置く

▶ 政策

a）〔③ 　　　　　　　　　 〕…**参勤交代**などで大名を統制
└大名を取り締まるきまり

b）厳しい身分制度を確立，**五人組**などで百姓を統制
└武士と百姓・町人，えた身分・ひにん身分に分ける　└主に農民

c）**鎖国**…1637年，**島原・天草一揆**⇨1639年にポルトガル船の来航を禁止。長崎の〔④ 　　　　　 〕でオランダと貿易
└1641年に平戸のオランダ商館を移す

d）〔⑤ 　　　　　 〕が**朱子学**を重視した政治
└5代将軍

▶ 主な改革

享保の改革	徳川吉宗	〔⑥ 　　　　　　 〕，**目安箱**，新田開発
		└裁判の公正をはかる
田沼の政治	田沼意次	**株仲間の結成**を奨励，長崎貿易の奨励
寛政の改革	⑦	幕府の学校で**朱子学**以外の儒学の禁止，旗本・御家人の借金を帳消し
⑧	水野忠邦	**株仲間の解散**，農民を村へ帰らせる

❹ 江戸時代の産業と交通

▶ 産業

a）農業…**新田開発**，農具の改良，商品作物の栽培

b）商業…大商人・手工業者が〔① 　　　　　 〕をつくる。
└同業者組合

c）変化…〔② 　　　　 〕や**打ちこわし**
└農村で　　　└都市で

▶ 交通

a）陸上交通…**五街道**の発展
└ごかいどう

b）海上交通…〔③ 　　　　 〕**航路**，**西廻り航路**が発達

❺ 江戸時代の文化・学問

▶ **元禄文化**…**上方（大阪・京都）中心**に栄えた活気のある町人文化

▶ **化政文化**…**江戸中心**に栄えた，皮肉やこっけいを好む町人文化

元禄文化	文学・芸能	浮世草子（〔① 　　　 〕），俳諧〈俳句〉（**松尾芭蕉**），人形浄瑠璃や歌舞伎の台本（**近松門左衛門**）
	絵画	装飾画（**尾形光琳**），浮世絵（**菱川師宣**）
化政文化	文学	こっけい本（十返舎一九），俳諧（与謝蕪村，小林一茶）
	絵画	錦絵（**喜多川歌麿**，〔② 　　　 〕，**歌川広重**） └富嶽三十六景　　　└東海道五十三次

▶ 学問の発達

a）蘭学…杉田玄白らが『〔③ 　　　　　 〕』を出版

b）国学…〔④ 　　　 〕が『**古事記伝**』を著す

1日目
2日目
3日目
4日目
5日目
6日目
7日目
8日目
9日目
10日目

確認 大名の種類

●**親藩**…徳川氏の一族の大名。

●**譜代大名**…古くからの徳川氏の家臣。

●**外様大名**…関ヶ原の戦いのころから徳川氏に従った大名。

確認 江戸時代の身分別人口の割合

幕府は，武士と百姓・町人を区別するしくみを固めた。

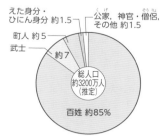

えた身分・ひにん身分 約1.5
公家，神官・僧侶，その他 約1.5
町人 約5
武士 約7
総人口 約3200万人（推定）
百姓 約85%

（関山直太郎『近世日本の人口構造』）

くわしく 江戸時代の農具

●**備中ぐわ**…土を深く耕すくわ。

●**千歯こき**…脱穀用の農具。

確認 「天下の台所」大阪

江戸時代，大阪には蔵屋敷が多く置かれ，日本各地から米や特産物が集まった。そのため大阪は，経済・商業の中心地となり，「天下の台所」と呼ばれた。

（個人蔵）

⬆「富嶽三十六景」神奈川沖浪裏

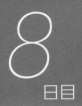

実力完成テスト

＊解答と解説…別冊 p.9
＊時　間………20分
＊配　点………100点満点

得点　　　　点

1 右の地図を見て，次の各問いに答えなさい。　〈4点×5〉

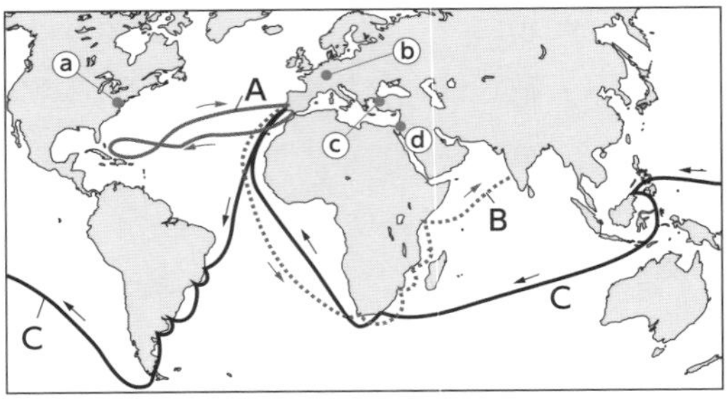

(1)　地図中のA～Cは，15世紀から16世紀に開拓された新航路です。それぞれの航路を開拓した人物を，次のア～エから選び，記号で答えなさい。

ア　バスコ＝ダ＝ガマ　　イ　マゼランの船隊
ウ　コロンブス　　エ　マルコ＝ポーロ

A（　　）　B（　　）　C（　　）

(2)　次の①と②の文が説明している都市を，地図中のⓐ～ⓓからそれぞれ選び，記号で答えなさい。

①　イスラム勢力を支配したことから，ヨーロッパ諸国が奪回を図った。
②　ルターが免罪符の販売に抗議し，宗教改革を始めた。

①（　　）　②（　　）

2 右の地図や資料を見て，次の各問いに答えなさい。　〈(2)の人物名と(3)は6点×2，他は4点×3〉

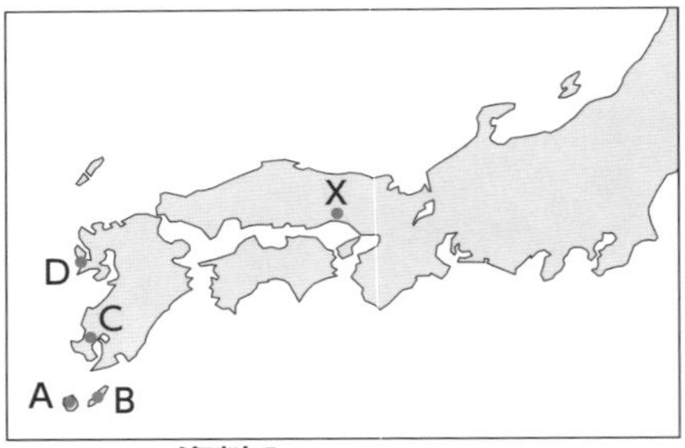

(1)　次の①と②の文が説明している場所を，地図中のA～Dからそれぞれ選び，記号で答えなさい。

①　日本に初めて鉄砲が伝えられた場所。
（　　）

②　日本に初めてキリスト教が伝えられた場所。
（　　）

資料Ⅰ

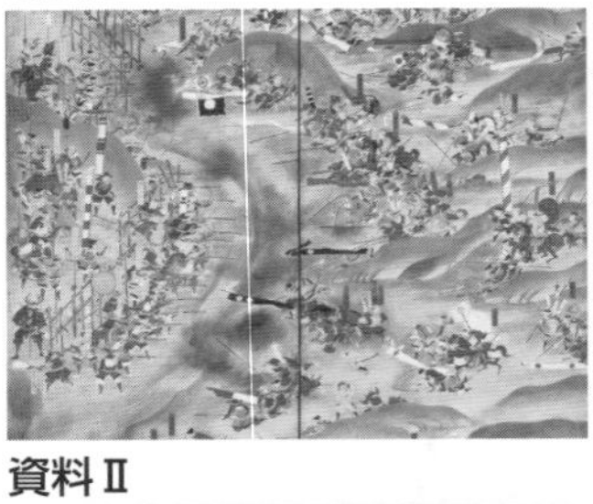

（徳川美術館所蔵　©徳川美術館イメージアーカイブ／DNP artcom）

(2)　資料Ⅰの戦いで，大量の鉄砲を用いて勝利した人物は誰ですか。名前を答えなさい。また，その人物が行ったこととして<u>あてはまらないもの</u>を，次のア～エから1つ選び，記号で答えなさい。

ア　座の特権を廃止し，自由に商工業を行えるようにした。
イ　一向一揆を鎮圧し，仏教勢力を抑えた。
ウ　将軍足利義昭を追放し，室町幕府を倒した。
エ　刀狩令を出して，農民や寺院などから武器を取り上げた。

人物名（　　　　）　記号（　　）

資料Ⅱ

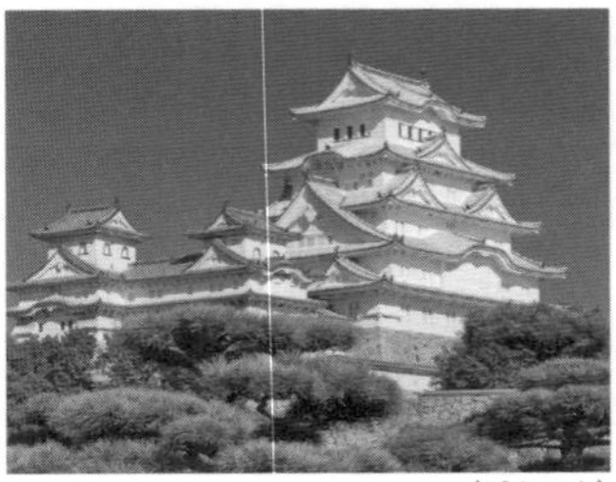

（ピクスタ）

(3)　資料Ⅱは，桃山文化を代表する城です。地図中のXに位置するこの城の名を答えなさい。

（　　　　）

3 右の年表を見て，次の各問いに答えなさい。

〈4点×8〉

(1) 次の文のできごとが起こった時期を，年表中の**A**〜**D**から1つ選び，記号で答えなさい。

◇ 島原・天草地方のキリスト教徒を中心とする農民たちが，厳しい禁教と重税に反対して一揆を起こした。

（　　　　）

(2) 年表中の**X**の内容を正しく説明したものを，次の**ア**〜**エ**から1つ選び，記号で答えなさい。

ア 大名の妻や子を領地に住まわせた。

イ 財政を安定させるため，大名に貢物を献上させた。

ウ 大名は原則，1年おきに領地と江戸を往復した。

エ 江戸の警備を大名に交代で行わせた。

（　　　　）

1603	徳川家康が江戸幕府を開く
	↕ A
1615	武家諸法度が定められる
	↕ B
1635	参勤交代の制度が定められる…X
	↕ C
1639	ポルトガル船の来航が禁止される
	↕ D
1685	生類憐みの令が出される
1716	ⓐ
1772	田沼意次が老中となる
1787	ⓑ
1841	ⓒ

(3) 次の①〜③の改革は，年表中のⓐ〜ⓒのどこに入りますか。記号で答えなさい。また，これらの改革の内容を正しく説明したものを，あとの**ア**〜**エ**からそれぞれ選び，記号で答えなさい。

① 天保の改革　　② 享保の改革　　③ 寛政の改革

ア 株仲間の結成を奨励し，長崎貿易をさかんに行った。

イ 旗本や御家人の借金を帳消しにした。

ウ 目安箱を置き，民衆の意見を政治に取り入れた。

エ 株仲間を解散し，商人に自由な取引を行わせようとした。

①年表（　　　）　　内容（　　　）　　②年表（　　　）　　内容（　　　）

③年表（　　　）　　内容（　　　）

4 次の**A**〜**C**の文を読み，あとの各問いに答えなさい。

〈4点×6〉

A 身分の上下や忠孝を重んじる学問。

B 儒教や仏教の影響を受ける前の日本人のものの考え方を研究する学問。

C 西洋の学問や文化をオランダ語で研究する学問。

(1) **A**〜**C**の学問を何といいますか。次の**ア**〜**ウ**からそれぞれ選び，記号で答えなさい。

ア 国学　　**イ** 蘭学　　**ウ** 朱子学

A（　　　）　　B（　　　）　　C（　　　）

(2) **A**〜**C**の文に関係することを，次の**ア**〜**ウ**からそれぞれ選び，記号で答えなさい。

ア 医学をはじめとする自然科学を進歩させた。

イ 幕末に高まった尊王論や攘夷論などに影響を与えた。

ウ 幕府公認の正式な学問として奨励された。

A（　　　）　　B（　　　）　　C（　　　）

9 日目

歴史

近代国家の成立と展開

ヨーロッパやアメリカの市民革命で出された宣言を，それぞれ覚えておきましょう。また，幕末から明治維新までの流れも，しっかりおさえておきましょう。

基礎の確認

（ 解答▶別冊 p.10 ）

●〔 　 〕や □ に適する語句や数字を書き入れましょう。

① ヨーロッパの近代化とアジア侵略

▶市民革命

- a）イギリス…**ピューリタン革命**，**名誉革命**⇨「〔① 　 〕」を発布
- b）〔② 　 〕…イギリスからの独立戦争⇨**独立宣言**を発表
- c）フランス…**フランス革命**⇨〔③ 　 〕を発表

▶[産業革命] a）18世紀後半，〔④ 　 〕で世界初の産業革命
　　　　　 b）資本主義社会が発展⇨**社会主義**思想の誕生
　　　　　 └綿工業から始まる　　　 └資本主義を批判

▶ヨーロッパのアジア侵略…市場と，原料の供給地を求める

- a）**アヘン戦争**…**イギリス**と**清**との戦争⇨イギリスが勝利し，清に不平等な〔⑤ 　 〕条約を結ばせる
  └1840〜42年
- b）〔⑥ 　 〕の乱…外国の援助を受けた清に倒される
  └中国で起こる
- c）**インド大反乱**…イギリスが**ムガル帝国**を滅ぼし，植民地化

② 日本の開国と江戸幕府の滅亡

▶〔① 　 〕の来航…1853年，**浦賀**に来航⇨翌年，**日米和親条約**を結び，2港を開港
　　　　　　　　 └現在の神奈川県

▶〔② 　 〕条約…1858年，大老**井伊直弼**が調印

- a）内容…5港の開港，**領事裁判権（治外法権）**を認め，日本に**関税自主権**がない不平等条約
- b）動き…井伊直弼が安政の大獄で反対派を弾圧⇨**桜田門外の変**

▶倒幕の動き

- a）経過…〔③ 　 〕運動の高まり⇨外国との戦いで攘夷の不可能を知る⇨倒幕の動き
- b）**薩長同盟**…〔④ 　 〕の仲介で，**薩摩藩**と**長州藩**が同盟

▶[大政奉還] a）内容…1867年，15代将軍**徳川慶喜**が政権を朝廷に返上
　　　　　 b）結果…**王政復古の大号令**が出される⇨〔⑤ 　 〕**戦争**
　　　　　　　　　　 └旧幕府軍と新政府軍の戦い，1868〜69年

確認 「人権宣言」

第1条　人は生まれながらにして自由・平等の権利をもつ。
　　　　　　　　（一部要約）

↑アヘン戦争　　　（東洋文庫）

くわしく 幕末の開港地

日米修好通商条約で開港の5港 — 函館／新潟／神奈川（横浜）／兵庫（神戸）／長崎／下田
日米和親条約で開港の2港

※下田は日米修好通商条約の締結で閉鎖

くわしく 不平等条約の内容

- **領事裁判権を認める**…日本で罪を犯した外国人を，日本の法律で裁けない。領事裁判権は，治外法権ともいう。
- **関税自主権がない**…輸入品にかける税金（関税）の率を，日本が自主的に決める権利がない。

確認 貿易相手国の変化

1860年	イギリス 55.3%	アメリカ 31.7	12.2	フランス 0.8／オランダ
1865年	85.9		8.2	1.5／4.2

その他 0.2
（「近代日本経済史要覧」）

❸ 明治維新の改革

▶ **五箇条の御誓文**…1868年，新政府の政治の基本方針を示す

▶ **中央集権国家へ**…**版籍奉還**⇨1871年，［① 　　　　　　　　］を実施
　　　　　　　　　　　　　　　　└藩を廃止，府・県を置く

▶ **富国強兵**…経済の発展，軍事力の強化を目指す

三大改革	②	近代的な**学校制度**の基本を定める
	地租改正	土地の所有者に，地租として地価の［③ 　　　］%を**現金**で納めさせる⇨政府の税収入が安定
	徴兵令	満20歳以上の男子に**兵役の義務**を負わせる

▶ **殖産興業**…［④ 　　　　　　］**製糸場**などの官営模範工場を設立
　　　　　　　　　　　　└群馬県

▶ **文明開化**…［⑤ 　　　　］が『学問のすゝめ』を著す

❹ 自由民権運動と立憲制国家の成立

▶ **自由民権運動**…**憲法の制定，国会の開設**，国民の政治参加を求める

　a）経過…**板垣退助**らが［① 　　　　　　　　　　　　］を提出，
　　　　　　　　　　　　　　　　　　　　　　　　　（1874年）
　　　大阪で**国会期成同盟**が結成される
　　　　　　　（1880年）

　b）結果…国会開設の勅諭，**自由党と立憲改進党**の結成

▶ **大日本帝国憲法**
　a）経過…**伊藤博文**が［② 　　　　　　　］の**憲法**を手本に作成
　　　　　　　　　　　　　　　└君主権が強い　　1889年に発布┘
　b）内容…主権は［　　　　　　　　　］にある

▶ **帝国議会の開設（1890年）**

　a）しくみ…［④ 　　　　　　］と**衆議院**の二院制

　b）選挙権…直接国税を15円以上納める**満25歳以上の男子**
　　　　　　　└有権者は総人口の約1.1%

❺ 日清・日露戦争と条約改正

▶ **日清戦争**
　a）**甲午農民戦争**がきっかけ⇨日本が勝利（1894〜95年）
　　　　　└朝鮮で起こる
　b）［　　　　　　　］**条約**…清は朝鮮の独立を承認，日本は賠
　　　償金と領土を獲得
　　　　　　　　└遼東半島・台湾など

▶［② 　　　　　　　］…**ロシア・フランス・ドイツ**が日本に**遼東半島**
　　　　　　　　　　　　　　　　　　　　　　　　　　　　　リアオトン
　の返還を求める⇨日本国民のロシアへの反感が高まる
　へんかん

▶［③ 　　　　　　］**同盟**（1902年）…ロシアの南下に対抗して結ばれる

▶ **日露戦争**
　a）満州・韓国をめぐる戦争（1904〜05年）
　　まんしゅう　かんこく
　b）［④ 　　　　　　　］**条約**…アメリカの仲介で成立。日本
　　　は韓国における**優越権**と，**南満州鉄道**の権益などを獲得
　　　　　　　　　ゆうえつけん　　　　みなみまんしゅう

▶ **韓国併合**…1910年，**日本は韓国を植民地とする**
　かんこくへいごう

▶ **条約の改正**
　a）**陸奥宗光**が［⑤ 　　　　　　　］の撤廃に成功
　　　　　　　　　　　　　　　　　　　（1894年）
　b）［⑥ 　　　　　　　］が**関税自主権**を完全に回復
　　　　　　　　　　　　　　　　（1911年）

1日目
2日目
3日目
4日目
5日目
6日目
7日目
8日目
9日目
10日目

確認　征韓論
　鎖国を続ける朝鮮を，武力で開国させようとする考え。**西郷隆盛，板垣退助**らが唱えたが，内政の充実を重視する大久保利通らが，これを退けた。

確認　北海道の開拓と沖縄県
　蝦夷地は，**北海道**と改称され，**屯田兵**が開拓した。また，琉球は，琉球藩となった後，1879年に**沖縄県**となった（**琉球処分**）。

確認　西南戦争
　1877年，**西郷隆盛**を中心として鹿児島の士族などが起こした，最大で最後の士族の反乱。

ミス注意　自由党と立憲改進党
●**自由党**…**板垣退助**らが結成。**フランス**の人権思想の影響を受け，国民主権を主張。
●**立憲改進党**…**大隈重信**らが結成。**イギリス流**の議会政治を主張した。

くわしく　日清戦争の風刺画

（川崎市民ミュージアム）

⬆**日清戦争**…日本と清が釣ろうとしている魚（朝鮮）を，橋の上のロシアが横取りしようとねらっている。

確認　日本の領土の広がり

1875年 樺太・千島交換条約で樺太がロシア領，千島が日本領
1905年 ポーツマス条約で獲得（旅順・大連，南樺太）
1910年 韓国併合
1895年 下関条約で獲得
1876年 領有宣言
琉球 1872年 琉球藩を置く／1879年 沖縄県を置く

実力完成テスト

＊解答と解説…別冊 p.10
＊時　間………20分
＊配　点………100点満点

得点

点

1 次の**A〜C**の文を読み，あとの各問いに答えなさい。　〈4点×5〉

A 国王が議会の承認を得ずに課税をするなど専制的な政治を行ったため，議会は国王を追放し，議会を尊重する新国王を迎えた。翌年，国民の自由と権利が保障された X が発布された。

B 植民地支配からの独立を目指して勃発した。戦争開始の翌年，人間の平等や生命・自由・幸福の追求などを盛り込んだ Y が発表された。

C 国王が国民議会を弾圧したため，民衆がバスチーユ牢獄を襲った。国民議会は Z を発表し，自由・平等・国民主権などを宣言した。

資料

> われわれは，自明の真理として，すべての人々は平等につくられ，創造主によって一定の奪いがたい生まれながらの権利を与えられ，その中に，生命・自由および幸福の追求が含まれていることを信じる。
> （一部要約）

(1) **A〜C**の文は，17世紀から18世紀にかけて起こった市民革命を説明したものです。それぞれの革命が起こった国の名を答えなさい。

A （　　　　　　　） B （　　　　　　　） C （　　　　　　　）

(2) **資料**の宣言文を何といいますか。名称を答えなさい。また，この宣言文は X 〜 Z のどこに入りますか。1つ選び，記号で答えなさい。

名称 （　　　　　　　　　　　） 記号 （　　　　　）

2 右の年表を見て，次の各問いに答えなさい。　〈(2)の②は10点，他は4点×4〉

(1) 年表中の X と Y にあてはまる人物の名を，それぞれ答えなさい。

X （　　　　　　　） Y （　　　　　　　）

(2) 下線部の条約について，次の各問いに答えなさい。

① この条約で開港された場所として**あてはまらないもの**を，次の**ア〜エ**から1つ選び，記号で答えなさい。

ア 下田　**イ** 函館　**ウ** 長崎　**エ** 新潟

（　　　　　）

② この条約は，日本にとって不平等な内容でした。その具体例の1つを簡潔に答えなさい。

（　　　　　　　　　　　　　　　　　　　　　）

1853	X が浦賀に来航する
1854	日米和親条約が結ばれる…A
1858	Y がアメリカと日米修好通商条約を結ぶ
1863	長州藩が外国船を砲撃……B
1864	四国連合艦隊が下関を砲撃
1866	薩長同盟が成立…………C
1867	大政奉還が行われる………D

(3) 外国からの圧力が強まると，国内では攘夷論が高まりました。この考えにしたがって起こったできごとを年表中の**A〜D**から1つ選び，記号で答えなさい。

（　　　　　）

3 次の文を読み，あとの各問いに答えなさい。

〈(3)は10点，他は4点×5〉

A ①民撰議院設立の建白書が政府に提出され，国会開設などを求める声が高まった。

B 土地の所有者に，地租として地価の3％を現金で納めさせた。

C 天皇が神に誓うという形で，新政府の政治の基本方針を出した。

D ②大日本帝国憲法が発布され，翌年，③第1回帝国議会が開かれた。

E 藩を廃止して全国に府と県を置き，中央から府知事・県令を派遣した。

X 洋風建築・ガス灯・洋服・洋食などが普及し，人力車や馬車が走るようになった。

(1) A〜Eを，年代の古い順に並べかえなさい。

(　　→　　　　→　　　　→　　　　→　　　)

(2) 下線部①の行動の中心的な役割を果たした人物は誰ですか。名前を答えなさい。

(　　　　　　　)

(3) 下線部②は，ドイツ（プロイセン）の憲法を手本に作成されました。ドイツの憲法のどのような点を手本につくられましたか。簡潔に答えなさい。

(　　　　　　　)

(4) 下線部③の議会が開かれたのと同じ年，議員を選ぶための選挙が行われました。この選挙で選挙権があったのはどのような人ですか。次の文の 　　　 にあてはまる数字や語句を下の語群から選びなさい。

◇ 満 [a] 歳以上で，直接国税を1年に15円以上納める [b]

語群〔 20　25　30　男子　女子　男女 〕

a (　　) b (　　　)

(5) Xのように，明治時代には欧米の文化が流入し，生活が大きく変化しました。このような現象を何といいますか。漢字4字で答えなさい。

4 次の各問いに答えなさい。

〈4点×6〉

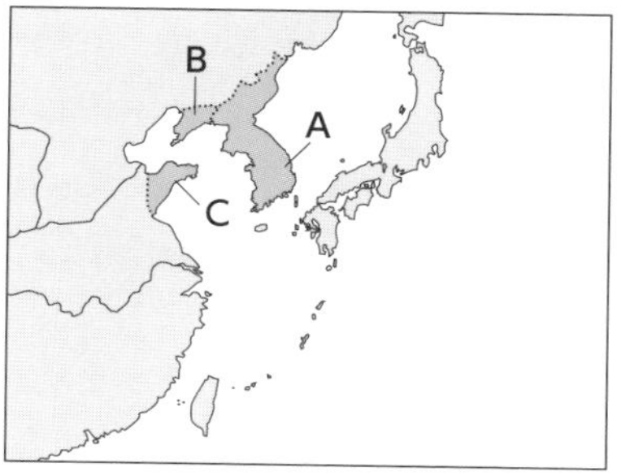

(1) 次の文は，日本とどの国との戦争について述べたものですか。また，この戦争の講和条約を何といいますか。

◇ 満州と韓国をめぐる対立から開戦した。アメリカの仲介で講和条約が結ばれた。

国名 (　　　　　) 条約名 (　　　　　　)

(2) 次の①と②の文は，ある半島について述べたものです。あてはまる半島を右の地図中のA〜Cから選び，記号と名称を答えなさい。

① 日本は，一度はこの半島を獲得したが，三国干渉によって，清に返還した。

記号 (　　) 名称 (　　　　　)

② 1910年に日本に併合され，1945年まで日本の植民地支配を受けた。

記号 (　　) 名称 (　　　　　)

近現代の日本と世界

満州事変から日中戦争がおきるまでの日本の軍国主義の台頭は最重要。また，第二次世界大戦後の日本の民主化についても，しっかりおさえておこう。

基礎の確認

（解答▶別冊 p.11）

●〔 　〕や□□□に適する語句や数字を書き入れましょう。

❶ 第一次世界大戦の勃発

▶背景…〔①　　　　　　　　　　〕と**三国協商**の対立，**バルカン半島**での民族対立

▶きっかけ…**サラエボ事件**（1914年）⇨三国同盟と三国協商との戦争に拡大
　　　　　　　　　　　　　　└同盟国┘　└連合国┘

▶日本の動き…中国に〔②　　　　　　　〕**の要求**を示す（1915年）

▶〔③　　　　　　　〕**革命**…1917年，**レーニン**の指導のもと，**世界初の社会主義政府**が成立⇨1922年，〔④　　　　　　　　　　〕が成立

❷ 国際協調の時代

▶**ベルサイユ条約**…1919年，敗戦国のドイツに多額の賠償金を課す

▶国際連合
　a）成立…アメリカの〔①　　　　　　　　　〕**大統領**の提唱（1920年）
　b）問題点…大国の不参加，武力制裁ができない
　　　　　　└アメリカなど┘

▶民族運動…朝鮮で〔②　　　　　　　〕**独立運動**，中国で**五・四運動**（1919年）

▶**大正デモクラシー**…〔③　　　　　　　〕が**民本主義**を主張

▶米騒動
　a）原因…1918年の〔④　　　　　　　〕**出兵**による米価の上昇
　b）結果…内閣が倒れ，〔⑤　　　　　　　〕が**政党内閣**を組織
　　　　　　　　　　　　　└初の本格的政党内閣┘

▶**普通選挙法**…1925年成立。**満25歳以上のすべての男子**に選挙権

▶〔⑥　　　　　　　〕**法**…1925年成立。社会主義運動を取り締まる

❸ 第二次世界大戦前の世界と日本

▶**世界恐慌**…1929年，アメリカから世界中に広まる

▶各国の動き

　a）**アメリカ**…ローズベルト大統領が〔①　　　　　　〕**政策**
　　　　　　　　（ルーズベルト）
　b）**イギリス・フランス**…**ブロック経済**を実施
　c）**ドイツ・イタリア**…〔②　　　　　　　　　〕が台頭
　　　　　　　　　　　　　└独裁的な政治┘

▶〔③　　　　　　　〕…1931年，関東軍が**南満州鉄道**の線路を**爆破**⇨翌年，**満州国**を建国⇨1933年，〔④　　　　　　　〕を**脱退**

ミス注意 三国同盟と三国協商

　日本は日英同盟を理由に，第一次世界大戦に連合国（協商国）側で参戦した。

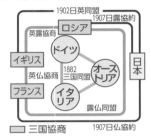

　□□□ 三国協商

確認 二十一か条の要求

　日本は中国での利権を拡大しようとして，中国に二十一か条の要求を突きつけた。中国は日本の軍事力に屈し，この要求のほとんどをやむを得ず認めた。

くわしく 民族運動

　インドでは**ガンディー**がイギリスに対して，非暴力・不服従の抵抗運動を行った。

くわしく 各国の鉱工業生産

　ソ連は「**五か年計画**」によって，世界恐慌の影響をほとんど受けなかった。

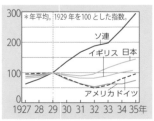

（「明治以降本邦主要経済統計」）

▶ 軍部の台頭

- a）五・一五事件…犬養毅首相を暗殺⇨政党政治が終わる
  （1932年）
- b）〔⑤　　　　　〕事件…軍部の政治的発言力が強まる
  （1936年）

▶ 日中戦争

- a）経過…1937年，盧溝橋事件⇨日中戦争が勃発
  ルーコウチアオ
- b）動き…〔⑥　　　　　〕法の制定，大政翼賛会の結成
  └1938年，議会の承認なしに労働力や物資を動員

❹ 第二次世界大戦の勃発と終戦

▶第二次世界大戦の開始

- a）始まり…1939年，独ソ不可侵条約⇨〔①　　　　　〕に侵攻
  ⇨イギリス・フランスがドイツに宣戦布告
- b）経過…〔②　　　　　〕同盟結成⇨独ソ戦⇨アメリカ参戦
  （1940年）

▶太平洋戦争…日ソ中立条約で北方の安全を確保

- a）始まり…1941年，日本軍がハワイの真珠湾にあるアメリカ軍
  基地を攻撃⇨アメリカ・イギリスに宣戦布告
  └同時にマレー半島に上陸
- b）国民生活…戦局が悪化⇨勤労動員や学徒出陣。子どもの疎開
  学童（集団）疎開┘
- c）経過…アメリカによる日本本土への空襲，沖縄戦

▶日本の降伏…1945年8月，〔③　　　　　〕・長崎に原子爆弾が投下される⇨〔④　　　　　〕宣言を受諾し，終戦

❺ 戦後の世界と日本

▶日本の民主化…マッカーサーのGHQによる戦後改革
└連合国軍最高司令官総司令部

選挙法の改正	満〔①　　〕歳以上のすべての男女に選挙権
財閥解体	独占禁止法の制定
②	多くの小作人が自作農となる

▶日本国憲法の制定…1946年11月3日公布，1947年5月3日施行，
〔③　　　　　〕・基本的人権の尊重・平和主義の3つの基本原則

▶国際連合…多数決制，経済制裁と武力制裁が可能

冷戦
- a）背景…〔④　　　　　〕陣営と社会主義陣営の対立
  └アメリカが中心
- b）影響…東西ドイツ分裂，朝鮮戦争，ベトナム戦争が激化
  └ソ連が中心
- c）結果…1989年，冷戦が終結⇨東西ドイツの統一，ソ連解体
  └マルタ会談によって終結宣言　　（1990年）　　（1991年）

▶日本の国際社会への復帰

- a）1951年，〔⑤　　　　　〕平和条約…翌年，日本は独立
  └同時に日米安全保障条約を結ぶ
- b）日ソ共同宣言…日本がソ連と国交を回復⇨国際連合に加盟
  （1956年）
- c）国交正常化…1965年日韓基本条約，1972年〔⑥　　　　　〕
  └中国と調印

▶高度経済成長…石油危機で終わる
└1950年代半ば～1973年

1日目
2日目
3日目
4日目
5日目
6日目
7日目
8日目
9日目
10日目

くわしく　満州国
　日本は清の最後の皇帝，溥儀を満州国の元首とした。

（読売新聞社）
⬆原爆投下後の広島

確認　中華人民共和国の成立
　内戦が続いていた中国では，1949年に毛沢東が率いる共産党が中華人民共和国を成立させた。蔣介石が率いる国民党（国民政府）は台湾に逃れた。

確認　農地改革による農家の割合の変化
　政府は地主の土地を強制的に買い上げ，小作人に安く売りわたした。その結果，多くの小作人が自作農となった。

（『完結昭和国勢要覧』ほか）

くわしく　日米安全保障条約
　1951年，サンフランシスコ平和条約と同時に，日本とアメリカとの間で結ばれた条約。日本の安全と東アジアの平和維持を理由に，日本はアメリカが引き続き軍隊を日本に駐留することや，軍事基地を使用することを認めた。

実力完成テスト

＊解答と解説…別冊 p.11
＊時 間………20分
＊配 点………100点満点

得点

点

1 次の**A～D**の文を読み，あとの各問いに答えなさい。　　　　　　　〈(1)は8点，他は4点×5〉

A 国際連盟が設立される。　　　　**B** ロシア革命が起こる。

C シベリア出兵が始まる。　　　　**D** 二十一か条の要求が出される。

(1) **A～D**のできごとを，年代の古い順に並べかえなさい。

(　　　→　　　→　　　→　　　)

(2) **A**について，次の**ア～エ**のうち，国際連盟に参加しなかった国はどこですか。1つ選び，記号で
答えなさい。

ア イギリス　　**イ** フランス　　**ウ** 日本　　**エ** アメリカ

(　　　)

(3) **B**の結果，1922年に新しく成立した国の名を答えなさい。

(　　　)

(4) **C**のころの日本のできごとを，次の**ア～エ**から1つ選び，記号で答えなさい。

ア 原敬内閣が成立した。　　　　**イ** 普通選挙法が成立した。
ウ 治安維持法が成立した。　　　**エ** 日独伊三国同盟が結成された。

(　　　)

(5) **D**について，次の文の①と②にあてはまる国名を答えなさい。

◇ 二十一か条の要求は，　①　 が 　②　 に対して示した。

① (　　　) ② (　　　)

2 右の年表を見て，次の各問いに答えなさい。　　　　　　　　　　　　〈(3)は10点，他は4点×7〉

(1) 下線部①について，次の**A～D**の文は，世界恐慌におけ
る各国の対策や様子を述べたものです。それぞれにあては
まる国をあとの**ア～エ**から選び，記号で答えなさい。

A ニューディール政策をとり，公共事業を進めた。

B ブロック経済で，植民地とのつながりを強めた。

C ファシズム体制をとり，軍備の拡張を進めた。

D 計画経済政策を実施していたため，世界恐慌の影響を
受けなかった。

ア ドイツ　　　**イ** アメリカ
ウ ソ連　　　　**エ** イギリス

1929年	①世界恐慌が起こる
	↕ a
1931年	②満州事変が起こる
1932年	五・一五事件が起こる…X
	↕ b
1936年	二・二六事件が起こる…Y
1937年	日中戦争が起こる
	↕ c
1939年	ドイツがポーランドへ侵攻
1941年	太平洋戦争が始まる
	↕ d
1945年	日本がポツダム宣言を受諾

A (　　) B (　　) C (　　) D (　　)

(2) 下線部②の結果できた国の位置を，右の地図中の**あ**〜**え**から1つ選び，記号で答えなさい。

（　　　　　）

(3) 年表中の**X**と**Y**の結果，日本の政治はどうなりましたか。簡潔に答えなさい。

（　　　　　　　　　　　　　　　　　　　　　）

(4) 次の**1**と**2**は，世界恐慌から第二次世界大戦終結までの日本のできごとです。それぞれ，年表中の**a**〜**d**のどの期間に起こったできごとですか。記号で答えなさい。

1 国際連盟を脱退した。　　**2** 国家総動員法が制定された。

1（　　　　）　**2**（　　　　）

---

3 次の文を読み，あとの各問いに答えなさい。　　　　　　　〈(2)は6点×3，他は4点×4〉

日　本：ＧＨＱに占領・統治され，①政治・経済・社会の民主化が進んだ。

A：冷戦の影響で，②1949年に東西に分裂して独立したが，1990年に統一された。

B：社会主義陣営の中心となり，1955年にワルシャワ条約機構を設立した。

C：1949年に毛沢東を主席として成立し，アジア・アフリカ会議にも出席した。

(1) 上の文の**A**と**B**にあてはまる国名をそれぞれ答えなさい。

A（　　　　　　　　　）**B**（　　　　　　　　　）

(2) 下線部①について，これらの民主化について述べた**X**〜**Z**の次の文の空欄にあてはまる数字や語句を，それぞれ答えなさい。

X 選挙法が改正され，満□歳以上のすべての男女に選挙権が与えられた。

Y 戦前の体制において，経済的に軍国主義を支えた□の解体が行われた。

Z □が行われ，多くの小作農が自作農となった。

X（　　　　　　）**Y**（　　　　　　）**Z**（　　　　　　）

(3) 次の**ア**〜**エ**のうち，下線部②のように冷戦の影響で，同じ民族の国が2つに分裂した国を1つ選び，記号で答えなさい。

ア タイ　　**イ** ベトナム　　**ウ** インドネシア　　**エ** キューバ

（　　　　　）

(4) 日本と**C**国との関係について正しく説明した文を，次の**ア**〜**エ**から1つ選び，記号で答えなさい。

ア 1951年に安全保障条約を結び，日本は国内にこの国の軍隊が駐留することなどを認めた。

イ 1956年に国交を回復し，その結果，日本の国際連合への加盟が認められた。

ウ 1965年に国交を正常化し，日本はこの国を朝鮮半島における唯一の政府と認めた。

エ 1972年に国交を正常化し，その6年後に平和条約を結んだ。

（　　　　　）

総復習テスト 第1回

＊解答と解説…別冊　p.12
＊時　間………30分
＊配　点………100点満点

得点

点

1 右の地図を見て，次の各問いに答えなさい。

（千葉県）〈7点×4〉

(1) 日本は，東経135度の経線で標準時を定めている。日本が2月15日午前8時のとき，地図中のシカゴは2月14日午後5時である。シカゴの標準時を定めている経度を書きなさい。なお，東経，西経については，解答欄の「東経」，「西経」のいずれかを◯で囲むこと。

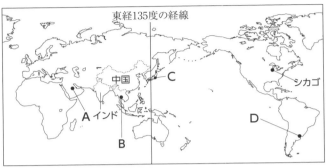

東経135度の経線

中国

C

シカゴ

A インド

B

D

（　東経・西経　　　　度）

(2) 次の文章は，地図中の中国について述べたものである。文章中の □□□ に共通してあてはまる語を漢字4字で書きなさい。

（　　　　　）

この国では，1979年以降，特別な法律が適用される地域である □□□ をつくり，沿岸部のシェンチェンなどが指定された。□□□ を設けた目的は，税金を軽くすることなどにより，外国の高度な技術や資金を導入して経済を発展させることであった。

(3) 次の文章は，しょうたさんが，図中のインドについてまとめたレポートの一部である。文章中のⅠ，Ⅱにあてはまる語句の組み合わせとして最も適当なものを，あとのア〜エから1つ選び，記号を書きなさい。

インドでは，最も多くの人々が □Ⅰ□ を信仰しており，この国の社会や人々の暮らしに大きな影響を与えています。また，□Ⅰ□ では，水で身体を清める □Ⅱ□ と呼ばれる儀式が重視されています。

ア Ⅰ：ヒンドゥー教　Ⅱ：断食　　**イ** Ⅰ：ヒンドゥー教　Ⅱ：沐浴
ウ Ⅰ：仏教　　　　　Ⅱ：断食　　**エ** Ⅰ：仏教　　　　　Ⅱ：沐浴

（　　　　　）

(4) 次のア〜エの雨温図は，地図中のA〜Dの都市における月平均気温と月降水量の変化の様子を示したものである。これらのうち，Bの都市のものはどれか。あてはまるものを1つ選び，記号を書きなさい。

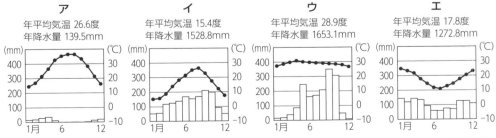

ア　年平均気温 26.6度　年降水量 139.5mm

イ　年平均気温 15.4度　年降水量 1528.8mm

ウ　年平均気温 28.9度　年降水量 1653.1mm

エ　年平均気温 17.8度　年降水量 1272.8mm

(注)ア〜ウのグラフのデータは1981年から2010年までの平均値を示す。エのグラフのデータは1981年から2006年までの平均値を示す。
（2021年版『理科年表』）

（　　　　　）

2 次の表は，時代ごとの文化の特色をまとめたものである。表を見て，あとの各問いに答えなさい。

（富山県）〈(4) 8 点，他は 6 点×5〉

時代	文化の特色
(a)古墳時代	儒教や (あ)仏教など，大陸の文化が渡来人により伝えられた。
平安時代	A
鎌倉時代	金剛力士像がつくられるなど，武士の気風を反映した力強い文化が育った。
室町時代	金閣がつくられるなど，公家の文化と武家の文化の融合が進んだ。
(b)江戸時代	B

(1) 表中の**A**と**B**にあてはまる文として適切なものを次の**ア〜エ**からそれぞれ 1 つずつ選び，記号を書きなさい。 A（　　　）B（　　　）

ア 井原西鶴や近松門左衛門が活躍するなど，上方の町人を担い手とする文化が栄えた。

イ 書院造や水墨画など，禅宗の影響を受けた簡素で気品のある文化が発展した。

ウ 安土城に天守が築かれるなど，大名の気風を反映した壮大で豪華な文化が生まれた。

エ 日本独自の仮名文字が発明されるなど，文化の国風化が進んだ。

(2) 下の**図**は，(a)古墳時代に起きた日本国内の動きを考察したものである。図の中の**X**に入る語句を漢字 4 字で書きなさい。 （　　　　　　　　）

図

【3 世紀後半】 X 墳がつくられはじめ，その分布は主に大和地方に集中した。	背景	【4〜5 世紀】 ・大仙古墳など，巨大な X 墳がつくられた。 ・ X 墳の分布が全国へ広がった。

【考えられること】大和政権（ヤマト王権）の支配が拡大し，勢力を強めた。

(3) (b)江戸時代について，次の各問いに答えなさい。

① 大名が 1 年おきに江戸と領地を往復することを定めた制度を何というか，書きなさい。

（　　　　　　　　）

② 江戸時代の政治改革について述べた文として適切でないものを次の**ア〜エ**から 1 つ選び，記号で書きなさい。 （　　　）

ア 享保の改革では，漢文に翻訳された洋書の輸入の制限が緩められた。

イ 田沼の政治では，銅や俵物と呼ばれる海産物の輸出により，収入の拡大がはかられた。

ウ 寛政の改革では，物価の上昇をおさえるため，営業を独占している株仲間が解散させられた。

エ 天保の改革では，外国船に燃料のまきや水を与えることが命じられた。

(4) (あ)仏教と政治との関わりについて述べた次の**ア〜エ**を，年代の古い順に並べかえなさい。

ア 織田信長は，仏教勢力に厳しい態度でのぞみ，比叡山延暦寺などを武力で従わせようとした。

イ 幕府には寺社奉行が置かれ，寺社は武士の支配の下に置かれるようになった。

ウ 仏教の力で国を守り，不安を取り除こうと考えた天皇が，国ごとに寺をつくるよう命じた。

エ 寺社が多くの荘園をもつようになり，大寺院は武装した僧（僧兵）をかかえ，勢力を広げた。

（　　　→　　　→　　　→　　　）

3 右の略地図を見て，次の各問いに答えなさい。

(1) 東北地方では，地元でとれる資源を用いたさまざまな工芸品が古くからつくられてきたが，**略地図**中の ● で示した東北地方の**X**の県の伝統的工芸品を，次の**ア～エ**から1つ選び，記号を書きなさい。

ア 南部鉄器　　イ 会津塗
ウ 天童将棋駒　エ 津軽塗

（　　　　）

略地図

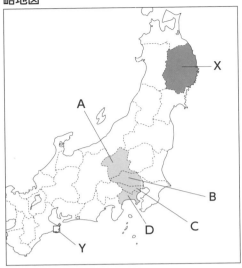

(2) 右の**資料Ⅰ**は，関東地方の1都6県の人口密度，昼夜間人口比率，製造品出荷額等を表したものであり，**資料Ⅰ**中の**ア～エ**はそれぞれ，**略地図**中の ● で示した**A～D**のいずれかの都県を表したものである。**略地図**中の**B**を表しているものを，**資料Ⅰ**中の**ア～エ**から1つ選び，記号を書きなさい。

（　　　　）

(3) 地図中の □ で示した**Y**の地域にみられるリアス海岸では，真珠などの養殖がさかんである。リアス海岸で養殖が盛んに行われる理由を，「海岸線」と「波」の2つの語句を使って，簡潔に書きなさい。

（　　　　　　　　　　　　　　　　　　　　　）

資料Ⅰ

都県	人口密度 （人/km²） (2019年)	昼夜間 人口比率 (2015年)	製造品出荷額等 （億円） (2018年)
ア	6344.7	117.8	78495
イ	3806.8	91.2	185700
ウ	1935.3	88.9	143440
千葉県	1213.6	89.7	132118
茨城県	469.1	97.5	130944
エ	305.3	99.8	92011
栃木県	301.8	99.0	92571

(注) 昼夜間人口比率…夜間人口100人あたりの昼間人口。

(2021年版「データでみる県勢」)

(4) 右の**資料Ⅱ**は，2020年における東京都中央卸売市場で取り引きされたピーマンの産地別取扱数量を表したものであり，**資料Ⅱ**中の a ～ c は，それぞれ茨城県，岩手県，宮崎県のいずれかの県を表している。**資料Ⅱ**中の a ～ c にあてはまる県の組み合わせとして正しいものを，次の**ア～エ**から1つ選び，記号を書きなさい。

ア a－茨城県　b－岩手県　c－宮崎県
イ a－茨城県　b－宮崎県　c－岩手県
ウ a－宮崎県　b－岩手県　c－茨城県
エ a－宮崎県　b－茨城県　c－岩手県

資料Ⅱ

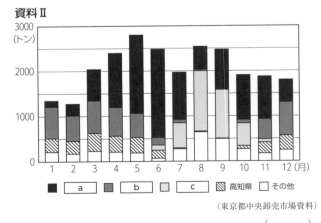

(東京都中央卸売市場資料)

（　　　　）

総復習テスト 第2回

＊解答と解説…別冊 p.14
＊時　間………30分
＊配　点………100点満点

得点

点

1 世界のさまざまな地域について，次の各問いに答えなさい。

（沖縄県）〈5点×7〉

(1) 図Ⅰ中の**X**の付近の大洋を何というか。

（　　　　　　　　）

(2) 図Ⅰ中の東京に対して，地球の中心を通った反対側の地点を含む範囲として最も適当なものを，図Ⅰ中の**ア～エ**から1つ選び，記号で答えなさい。

（　　　）

図Ⅰ

(3) 図Ⅰ中の**Y**国では，**Z**国など世界中から研究者や技術者が集まり，情報通信技術(ICT)関連産業が発達している。図Ⅰ中の**Z**に入る国名を答えなさい。また，次の説明文の（　①　）にあてはまる語句を漢字2字で答えなさい。

> **Z**国出身者が**Y**国で情報通信技術(ICT)関連産業において活躍している理由は，**Z**国での数学の教育水準が高いことや，（　①　）を話せる技術者が多いことなどがあげられる。

国名（　　　　　　　　　　）　語句（　　　　　　　　）

(4) 次の**ア～エ**の文はアフリカ州について述べている。誤っているものを**ア～エ**のうちから1つ選び，記号で答えなさい。

（　　　）

ア　サハラ砂漠とその北部は，アフリカの他地域に比べイスラム教を信仰している人がとくに少ない地域である。

イ　複数の民族が暮らす国では，民族のまとまりを無視した植民地時代の境界線が国境線となったところが多く，民族間の争いがみられる地域がある。

ウ　多くの国では，特定の生産物の輸出に頼ったモノカルチャー経済がみられる。

エ　日本などの先進国は，アフリカの国々の自立に向けた技術支援や開発援助を行っている。

(5) 次の表は，説明文中の □Ⅰ□ の作物の生産量について世界の国別および日本の都道府県別の上位を示している。□Ⅰ□ に入る作物名を答えなさい。また，説明文中の □Ⅱ□ に入る □Ⅰ□ と関連する最も適切な語句をカタカナで答えなさい。

	世界（2018年）	日本（2019年）
1位	ブラジル	沖縄県
2位	インド	鹿児島県
3位	中国	

（2020/21年版「世界国勢図会」ほか）

> ブラジルでは，□Ⅰ□ から □Ⅱ□ 燃料を生産している。□Ⅱ□ 燃料は，主に，植物を原料とするため，燃やしていても大気中の二酸化炭素を増やさないとされている。

Ⅰ（　　　　　　　　）　Ⅱ（　　　　　　　　）

2 右の略地図を見て，あとの各問いに答えなさい。

（三重県改）〈6点×5〉

(1) **略地図**に示した長野県，山口県，愛媛県，三重県について，**資料**は，面積，野菜の産出額，果実の産出額，化学工業の製造品出荷額を示したものである。**資料**の**A〜C**にあてはまる県を，下の**ア〜ウ**からそれぞれ選び，記号を書きなさい。

略地図

資料	面積 (km²)	野菜の産出額 （億円）	果実の産出額 （億円）	化学工業の製造品 出荷額（億円）
A	5676	201	530	3499
B	6113	158	43	19289
C	13562	905	714	1019
三重県	5774	137	69	12734

（面積は2019年，他は2018年）　　　　　　（2021年版「データでみる県勢」から作成）

ア 長野県　　**イ** 山口県　　**ウ** 愛媛県

A（　　　）B（　　　）C（　　　）

(2) **略地図**に示した鹿児島県について，次の各問いに答えなさい。

① 鹿児島県の農業について述べた文はどれか，次の**ア〜エ**から1つ選び，記号を書きなさい。

（　　　）

ア 飼育頭数全国1位の豚をはじめ，鶏や肉牛の飼育がさかんであり，茶の生産量も全国有数である。

イ 日本最大級の砂丘が広がり，なしやメロン，らっきょうの栽培がさかんである。

ウ 施設園芸農業がさかんで，夜間に照明を当てて成長を遅らせる方法で，菊の生産量は全国1位となっている。

エ 泥炭地に農業に適した土を運び入れて土地を改良し，全国有数の米の生産地になっている。

② 鹿児島県でみられる，火山活動による噴出物が積み重なってできた台地を何というか，その名称を書きなさい。

（　　　　　　　　）

3 次の資料を読み，あとの各問いに答えなさい。ただし，資料は一部書き改めたところがある。

（兵庫県）〈5点×3〉

> A 藩ヲ廃シ県ト為ス。
> B 要するに事務局は国際連盟を成立せしめ，その効果を発揮せしむる重要機関の1つである。
> C 連合国は，日本国及びその領水に対する日本国民の完全な主権を承認する。

(1) **A**は，廃藩置県についての資料の一部である。廃藩置県が行われたころの世界の様子を述べた文として適切なものを，次の**ア〜エ**から1つ選んで，その記号を書きなさい。

ア イギリスでは，ピューリタン革命がおきて国王が処刑された。

イ アメリカが，フランスなどの支援を受けて独立戦争に勝利した。

ウ フランスでは，革命が始まり人権宣言が発表された。

エ ドイツが，ビスマルクの指導の下で統一帝国になった。

（　　　）

(2) Bは，「国際連盟とは如何なものか」という資料の一部である。この資料に関する次の文中の①，②に入る語句の組み合わせとして適切なものを，あとのア〜エから1つ選び，記号を書きなさい。

> ① が事務次長を務めた国際連盟は，アメリカの ② 大統領の提案をもとに設立された。

ア ① 新渡戸稲造 ② ウィルソン
イ ① 陸奥宗光 ② リンカン（リンカーン）
ウ ① 陸奥宗光 ② ウィルソン
エ ① 新渡戸稲造 ② リンカン（リンカーン）　　　（　　　）

(3) Cは，ある条約の一部である。この条約が結ばれた時期を，表中のア〜エから1つ選び，記号を書きなさい。　　　　　　　　　　　　　　　　　　　　（　　　）

表

できごと
日本国憲法が公布された
↕ ア
朝鮮戦争が始まった
↕ イ
日本が国際連合に加盟した
↕ ウ
東海道新幹線が開通した
↕ エ
沖縄が日本に復帰した

---

4 日本と関係が深い中国の近現代についてまとめた右の年表を見て，次の問いに答えなさい。

（富山県改）〈5点×4〉

(1) (a)日清戦争について，三国干渉によって日本が清に返還したものを，次のア〜エから1つ選び，記号を書きなさい。

ア 山東半島（シャントン）　イ 台湾　ウ 澎湖諸島（ポンフー）　エ 遼東半島（リアオトン）
（　　　）

(2) (b)満州事変について，次のア〜エは，この事変が始まった後の〔 X 〕の時期における日本の動向である。次のア〜エを，年代の古い順に並べかえなさい。

ア 日独伊三国同盟締結　イ 真珠湾攻撃
ウ 国際連盟脱退　エ 満州国建国

（　　　→　　　→　　　→　　　）

年表

年代	できごと
	【 あ 】
1894	(a)日清戦争が始まる
	【 い 】
1911	辛亥革命が起こる
	【 う 】
1931	(b)満州事変が始まる
	〔 X 〕
1949	(c)中華人民共和国建国
	【 え 】

(3) (c)中華人民共和国が建国されたときの日本の首相で，のちにサンフランシスコ平和条約（講和条約）に調印した人物を，次のア〜エから1つ選び，記号を書きなさい。　　（　　　）

ア 吉田茂　イ 岸信介　ウ 田中角栄　エ 池田勇人

(4) 次の文は，【 あ 】〜【 え 】の各時期における日本のできごとについて説明したものである。このうち【 え 】にあてはまるものを次のア〜エから1つ選び，記号を書きなさい。

ア 多数の犠牲者を出しながらも日露戦争に勝利したが，ロシアから賠償金を得ることはできなかった。
イ シベリア出兵を見こした米の買い占めから米価が上がると，安い米を求める騒動が全国に広がった。
ウ 在日アメリカ軍が朝鮮戦争に出兵すると，GHQの指令で警察予備隊が作られた。
エ 戊辰戦争で新政府軍が旧幕府軍を破り，国内を平定した。

（　　　）

デザイン：山口秀昭（Studio Flavor）
表紙イラスト：ミヤワキキヨミ
写真提供：写真そばに記載
図版：有限会社 ケイデザイン，有限会社 木村図芸社
編集協力：有限会社 マイプラン
DTP：株式会社 明昌堂
　　　（データ管理コード　24-2031-0248（2020））

本書に関するアンケートにご協力ください。
右のコードかURLからアクセスし，以下の
アンケート番号を入力してご回答ください。
ご協力いただいた方の中から抽選で「**図書
カードネットギフト**」を贈呈いたします。

アンケート番号：　305376

Webページ >>> https://ieben.gakken.jp/qr/10_chu1and2/

**10日間完成　中1・2の総復習
社会　改訂版**

2005年 7 月	初版発行	
2011年11月	新版発行	
2021年 6 月29日	改訂版第 1 刷発行	
2024年 5 月31日	第 7 刷発行	

編者	学研プラス
発行人	土屋徹
編集人	代田雪絵
編集長	中山敏治
発行所	株式会社Gakken
	〒141-8416　東京都品川区西五反田2-11-8
印刷所	株式会社 リーブルテック

●この本に関する各種お問い合わせ先
本の内容については，下記サイトのお問い合わせ
フォームよりお願いします。
　https://www.corp-gakken.co.jp/contact/
在庫については
　☎03-6431-1199（販売部）
不良品（落丁，乱丁）については
　☎0570-000577
　　学研業務センター
　　　〒354-0045 埼玉県入間郡三芳町上富279-1
上記以外のお問い合わせは
　☎0570-056-710（学研グループ総合案内）

10日間完成
中1・2の
総復習 [改訂版]

別冊

本書と軽くのりづけされていますので，
はずしてお使いください。

社会

解答と解説

Gakken

世界の姿

p.2 基礎の確認

1 地球の姿
① 3　② 7　③ ユーラシア　④ 太平洋
⑤ オーストラリア　⑥ 南アメリカ
⑦ アフリカ　⑧ オセアニア

2 緯度と経度
① 赤道　② 緯線　③ ロンドン　④ 経線

3 日本の姿
① 15　② 北方領土　③ 南鳥　④ 沖ノ鳥
⑤ 排他的経済水域

4 日本の地域区分と都道府県
① 九州　② 近畿　③ 関東　④ 東北　⑤ 43県

5 世界の気候
① 温　② 乾燥　③ 熱

6 世界の文化
① キリスト　② イスラム　③ 仏　④ ヒンドゥー

☆ これが重要！

地球上の位置を，緯度や経度を使って表せるようにしておこう。北緯・南緯，東経・西経の範囲をそれぞれ確認しておくこと。

解説 **1** ①②地球の表面積の**約7割**を海洋が占めていることから，地球は「水の惑星」とも呼ばれる。⑤オーストラリア大陸は，国名と大陸名が同じである。
3 ①地球は，24時間で1周（360度回転）することから，経度15度につき1時間の時差が生じる。②**択捉島，国後島，色丹島，歯舞群島**は，北方領土と呼ばれ，ロシアに不法に占拠されている。
5 それぞれの気候帯は，気温の変化や雨の降り方によって，さらに細かい気候区に分けられる。
6 キリスト教，イスラム教，仏教は三大宗教と呼ばれている。

p.4 実力完成テスト

1 (1)南緯45度，西経150度　(2)インド洋
(3)**A** 国名 エ　州名 オセアニア州
　　B 国名 ア　州名 北アメリカ州

解説 (1)赤道より北は北緯，南は南緯で表す。また，本初子午線より東に180度は東経，西に180度は西経

で表す。この地図の緯線・経線は15度ごとに引かれている。
(3)**イ**のイタリアはヨーロッパ州，**ウ**のインドはアジア州に属している。

2 (1)距離　(2)カイロ
(3)近い都市 シンガポール
　　遠い都市 ブエノスアイレス

解説 (2)中心からの距離と方位が正しい地図では，中心から見て上が北を示している。
(3)中心（東京）からの距離が正しい地図なので，外側にいくほど，東京からの距離は遠くなる。逆に中心にいくほど，東京からの距離は近くなる。

3 (1)ア，イ（順不同）　(2)沖ノ鳥島
(3)水域の名称 排他的経済水域　記号 イ
(4)県 香川県　県庁所在地 高松市
　 県 石川県　県庁所在地 金沢市
　 県 岩手県　県庁所在地 盛岡市（順不同）

解説 (2)日本の北端は**択捉島**，南端は**沖ノ鳥島**，東端は**南鳥島**，西端は**与那国島**である。
(3)**排他的経済水域**は，領海を除く海岸線から**200海里**以内の水域をいう。この水域では，沿岸国が水産資源（魚や貝など）や鉱産資源（石油など）を利用する権利をもつ。

4 (1)イ　(2)雨温図 ウ　気候帯 熱帯
(3)イ　(4)ア

解説 (1)地図中の**A**には，サハラ砂漠が広がっており，乾燥帯に属している。**ア**は温帯，**ウ**は熱帯，**エ**は冷帯（亜寒帯）の説明である。
(2)**B**の都市（クアラルンプール）は熱帯に属しているので，一年中高温で，降水量が多い**ウ**があてはまる。**ア**は温帯，**イ**は冷帯（亜寒帯），**エ**は南半球に位置する温帯の雨温図である。
(3)写真は，冷帯（亜寒帯）で見られる高床の建物である。冷帯（亜寒帯）には，一年中凍ったままの永久凍土が広がっている地域がある。暖房などの熱で永久凍土がとけると，地面が傾いたり，沈み込んだりするため，永久凍土をとかさないように，高床にしている。
(4)**C**の国はドイツ。ヨーロッパや南北アメリカ，オセアニアなどでは，主に**ア**のキリスト教が信仰されている。**イ**のヒンドゥー教は，主にインドで信仰されている。**ウ**のイスラム教は主にアフリカ北部や西アジアで信仰されている。**エ**の仏教は，主に東アジアや東南アジアで信仰されている。

世界の諸地域

一ロッパやアジアなどからの移民など，さまざまな人々が暮らしており，**多文化社会**を目指している。

p.6 基礎の確認

1 アジア州
①ヒマラヤ　②マレーシア
③サウジアラビア　④季節風（モンスーン）
⑤一人っ子政策　⑥経済特区　⑦ASEAN
⑧ICT　⑨OPEC

2 ヨーロッパ州
①フィヨルド　②ドイツ　③フランス
④偏西風　⑤混合　⑥ユーロ

3 アフリカ州
①サハラ　②ナイル
③南アフリカ共和国　④植民地　⑤カカオ（豆）
⑥モノカルチャー

4 北アメリカ州
①ロッキー　②カナダ　③ミシシッピ
④ヒスパニック　⑤適地適作　⑥サンベルト
⑦シリコンバレー

5 南アメリカ州
①アマゾン　②ブラジル　③アンデス
④焼畑　⑤バイオエタノール（バイオ燃料）

6 オセアニア州
①オーストラリア　②ニュージーランド
③アボリジニ　④アジア太平洋経済協力

これが重要！

各州の自然や歴史，産業などの特色をまとめておこう。グラフなどの資料を読み取って，特色をつかむ練習をしておくとよい。

解説 **1** ⑥**経済特区**では，税金などを優遇することで，外国企業を誘致してきた。

2 ①フィヨルドは，氷河によって削られた谷に海水が入り込んでできた，奥行きのある湾である。

3 ⑥特定の鉱産資源や農産物の輸出に依存した経済を，**モノカルチャー経済**という。鉱産資源や農作物は，国際価格や天候の影響を受けやすいことから，国の経済が不安定になりやすい。

4 ⑥サンベルトは，温暖で土地が安く，労働力などが豊富であることから，工業の中心地となった。近年，**先端技術産業**がさかんである。

5 ①**アマゾン川**は，世界で最も流域面積が広い川である。

6 ③オーストラリアは，先住民のアボリジニや，ヨ

p.8 実力完成テスト

1 (1)季節風（モンスーン）
(2)① C　② A
③ D　④ B
(3)ASEAN

解説 (1)季節風は，夏は海洋から大陸に向かって，冬は大陸から海洋に向かって吹く。地図中の ⟶ は夏の季節風。
(2)①は**C**の中国，②は**A**のサウジアラビア，③は**D**のインドネシア，④は**B**のインドについての説明である。

2 (1)ヨーロッパ連合（EU）　(2)A ウ　B ア
(3)エ　(4)レアメタル

解説 (2)**A**はドイツ，**B**はイタリアである。ドイツなどアルプス山脈よりも北側の地域では，主に**混合農業（ウ）**，イタリアなど地中海沿岸の地域では，主に**地中海式農業（ア）**が行われている。**イ**は焼畑農業について述べた文である。
(3)**C**の国は，コートジボワールである。ギニア湾沿岸では，カカオ（豆）の栽培がさかんである。

3 (1)ア　(2)サンベルト　(3)ヒスパニック
(4)エ　(5)① B　② A

解説 (3)**A**のアメリカには，メキシコや中央アメリカ，カリブ海諸国などから移住してきた，スペイン語を話す人々（**ヒスパニック**）が多く暮らしている。
(4)**B**の国はブラジルである。ブラジルは，かつてポルトガルの植民地だった。
(5)**A**のアメリカは，主に機械類や自動車，石油製品などを輸出している。**B**のブラジルは，主に大豆や原油，鉄鉱石などを輸出している。

4 (1)A アボリジニ　B マオリ
(2)エ　(3)① イ　② ウ　③ ア　(4)イギリス

解説 (2)**A**のオーストラリアの主に北西部では鉄鉱石が，北東部や南東部では石炭が産出する。
(3)①のダーウィンは熱帯，②のアリススプリングスは乾燥帯，③のクライストチャーチは温帯である。
(4)**A**のオーストラリアや**B**のニュージーランドは，かつてイギリスの植民地だったことから，イギリスとの関係が深い。

3 身近な地域の調査・日本の地域的特色
日目

p.10 基礎の確認

1 地形図の読み取り方
①国土地理院 ②縮尺 ③北 ④急(きつい)
⑤田 ⑥果樹園 ⑦市役所(東京都の区役所)
⑧警察署 ⑨図書館 ⑩老人ホーム

2 日本の地形
①環太平洋 ②急 ③扇状地 ④三角州
⑤リアス海岸 ⑥大陸棚 ⑦潮境(潮目)
⑧親潮 ⑨黒潮

3 日本の気候
①季節風(モンスーン) ②日本海側 ③瀬戸内
④南西諸島 ⑤札幌 ⑥新潟 ⑦高松

4 日本の自然災害
①東日本 ②高潮 ③減災
④ハザードマップ(防災マップ) ⑤共助

☆これが重要!
地形図の読み取りは,よく出題される。等高線や縮尺,地図記号などの読み取り方をしっかり押さえておこう。

解説 **1** ④等高線とは,同じ高さの地点を結んだ線である。**等高線の間隔が狭いと傾斜が急,広いと傾斜が緩やかである。**

2 ①土地が活発に盛り上がったり,沈んだりし,山地や山脈が連なっているところを,造山帯という。環太平洋造山帯には,ロッキー山脈やアンデス山脈が連なっている。③扇状地は,水はけがよいことから果樹栽培などに利用される。④三角州は,主に水田に利用される。⑦寒流と暖流がぶつかるところを,潮境(潮目)といい,東北地方の三陸沖では,**黒潮(日本海流)と親潮(千島海流)**がぶつかっている。

3 ⑤1月,2月,12月の気温が低く,一年を通して降水量が少ないことから北海道の気候。⑥冬の降水量が多いことから日本海側の気候。⑦冬も温暖で,一年を通して降水量が少ないことから瀬戸内の気候。

4 ①**東日本大震災**は,2011年3月11日に三陸海岸沖を震源として起こった地震による被害の総称である。④ハザードマップは,津波の被害や洪水などが起こったときの浸水などの予測,避難場所などが記載されている。⑤共助とは,自然災害などのときに,住民どうしが互いに助け合うことである。

p.12 実力完成テスト

1 (1)2万5千 (2)750 (3)①扇状地 ②ウ

解説 (1)主曲線が10mごとに引かれていることから,縮尺が2万5千分の1の地形図だと判断できる。5万分の1の地形図では,主曲線は20mごとに引かれている。
(2)**実際の距離は,地形図上の長さ×縮尺の分母で計算する。**したがって,3(cm)×25000=75000(cm)=750(m)となる。
(3)地形図は甲府盆地を示している。

2 (1)環太平洋 (2)イ (3)三角州
(4)①A ②B (5)リアス海岸
(6)い,え(順不同)
(7)う親潮(千島海流) え黒潮(日本海流)

解説 (2)**日本アルプス**は,中部地方に連なる3000m級の山々が連なる山脈の総称で,飛驒山脈,木曽山脈,赤石山脈が含まれる。
(4)①はAの信濃川,②はBの利根川について述べた文である。
(6)いの対馬海流とえの黒潮(日本海流)が暖流,あのリマン海流とうの親潮(千島海流)が寒流である。

3 (1)ウ
(2)A ウ B カ C エ D ア
E オ F イ
(3)C 太平洋側の気候 F 日本海側の気候
(4)台風

解説 (1)日本の大部分は**温帯**,北海道は冷帯(亜寒帯),南西諸島は亜熱帯に属している。
(2)Aは**ウ**の松本(内陸〈中央高地〉の気候),Bは**カ**の那覇(南西諸島の気候),Cはエの名古屋(太平洋側の気候),Dはアの札幌(北海道の気候),Eはオの高松(瀬戸内の気候),Fはイの新潟(日本海側の気候)の雨温図である。

4 (1)地震 (2)ア (3)東日本大震災
(4)ハザードマップ(防災マップ)

解説 (2)火山がもたらす災害は,火砕流のほかに,火山灰や溶岩の噴出などがある。**イ**の土石流は集中豪雨,**ウ**の高潮は台風などの強風,**エ**の雪崩は大雪によってもたらされる気象災害である。

4 日本の人口・産業・貿易

p.14 基礎の確認

1 日本の人口
①三大都市圏 ②過疎(化) ③高齢

2 日本の資源・エネルギー
①火力 ②再生可能エネルギー ③持続可能

3 日本の農業
①食料自給 ②津軽平野 ③庄内平野
④高知平野 ⑤シラス台地 ⑥根釧台地

4 日本の水産業
①排他的経済水域 ②栽培

5 日本の工業
①加工 ②太平洋ベルト ③中京工業地帯
④阪神工業地帯 ⑤瀬戸内工業地域
⑥京浜工業地帯 ⑦空洞化

6 日本の貿易・交通・通信
①自動車 ②石油(原油) ③中国 ④自動車
⑤情報格差(デジタルディバイド)

☆ これが重要!

太平洋ベルトは,関東地方から九州北部に広がる,工業地帯・地域が集まる地域である。原料・燃料の輸入や製品の輸出に便利であることから,臨海部に工業地帯・地域が形成されてきた。

解説 1 ②過疎(化)が進むと,公共交通機関の減便や廃止,学校や病院,商店がなくなるなど,地域社会の維持が困難になる。

2 日本の電力の約8割は,火力発電によってまかなわれているが,火力発電は地球温暖化を引き起こす二酸化炭素の排出量が多いことなどから,**再生可能エネルギー**による発電の拡大が進められている。

3 ①**日本の食料自給率は約37%**(2018年度)で,日本は食料の多くを輸入に頼っている。

4 ②**養殖業**は,魚介類をいけすなどで育てて出荷する漁業,**栽培漁業**は,いけすなどで育てた稚魚や稚貝を,川や海に放流し,大きくなってからとる漁業である。漁業資源を増やし,持続可能な漁業を目指すために,養殖業や栽培漁業を行っている。

5 ③**中京工業地帯**は,日本で最も工業出荷額が多い工業地帯である。⑦**産業の空洞化**とは,海外に日本の工場を移転することによって,日本国内の産業が衰退することである。

6 ④日本では,1950年代後半からの高度経済成長期

以降,高速道路の整備が進められたことから,都市間の移動時間が短縮され,自動車による輸送の割合が高くなった。

p.16 実力完成テスト

1 (1)過密(化) (2)イ→ウ→ア

解説 (1)過密(化)が進むと,交通渋滞や住宅の不足,ごみ処理場の不足などの問題が発生する。
(2)**ア**はつぼ型(2019年),**イ**は富士山型(1935年),**ウ**はつりがね型(1970年)の人口ピラミッドである。

2 (1)ウ (2)ア (3)A

解説 (1)上位5県が,東北地方の県と長野県であることからりんごがあてはまる。**イ**のみかんは,和歌山県や愛媛県,静岡県などで栽培がさかんである。**ア**のももや**エ**のぶどうは山梨県の生産量が多い。
(2)**X**は高知平野,**Y**は宮崎平野を示している。ともにビニールハウスを使った,きゅうりやピーマンなどの促成栽培がさかん。**イ**は東北地方の日本海側や北陸の県の農業,**ウ**は北海道や岩手県などの山ろくで行われている農業,**エ**は大都市周辺で行われている農業の説明。

3 (1)イ (2)栽培漁業

解説 (1)**ア**は沖合漁業,**イ**は遠洋漁業,**ウ**は沿岸漁業,**エ**は海面養殖業を示している。排他的経済水域では,沿岸国が水産資源などを利用する権利をもつことから,遠くの海での漁業がしにくくなり,日本の遠洋漁業の漁獲量が減少した。

4 (1)①ウ ②ア (2)太平洋ベルト

解説 (1)①は中京工業地帯の説明。中京工業地帯は,豊田市(愛知県)の自動車工業を中心に発展した工業地帯で,機械の割合が3分の2以上を占める**ウ**のグラフがあてはまる。②は瀬戸内工業地域の説明。瀬戸内工業地域では,石油化学工業(倉敷市水島地区など)がさかん。

5 (1)A イ B ア C ウ
(2)(例)高速道路が整備されたから。
(3)**X** ア **Y** イ (4)貿易摩擦

解説 (1)石炭と鉄鉱石はどちらもオーストラリア。
(3)**X**のグラフでは,日本の輸入で航空機類の割合が高いことからアメリカと判断できる。**Y**のグラフでは,日本の輸入で衣類の割合が高いことから中国と判断できる。

日本の諸地域

❶ 九州地方
①カルデラ ②シラス ③地熱 ④促成
⑤公害

❷ 中国・四国地方
①山陰 ②本州四国連絡橋 ③瀬戸内
④地域おこし

❸ 近畿地方
①琵琶 ②紀伊 ③阪神 ④伝統的工芸品

❹ 中部地方
①北陸 ②中京 ③高原野菜 ④単作
⑤地場産業

❺ 関東地方
①関東 ②ヒートアイランド ③昼間
④京浜 ⑤北関東 ⑥近郊

❻ 東北地方
①やませ ②竿燈まつり ③減反政策
④りんご ⑤工業団地

❼ 北海道地方
①流氷 ②濃霧 ③アイヌ ④開拓使
⑤稲作 ⑥酪農 ⑦エコツーリズム(エコツアー)

☆ これが重要！
各地方の自然環境と産業を関連づけて整理しておこう。温暖な気候の地域では促成栽培が，雪が多い日本海側では稲作が，大都市に近い地域では近郊農業がさかんである。

解説 ❶ ②九州南部に広がる**シラス台地**は，水もちが悪いことから稲作に向いておらず，**畜産や畑作**が行われている。

❷ ③**瀬戸内工業地域**では，塩田の跡地や遠浅の海岸を埋め立てたことで，広い工業用地を確保することができた。岡山県倉敷市や山口県周南市などには，石油産業に関係のある工場をパイプラインで結び，原料や燃料などを効率よく輸送できるようにした**石油化学コンビナート**が形成されている。

❸ ①**琵琶湖**は，日本で最も大きな湖である。③東大阪市などには，独自の技術をもつ中小企業の町工場が多い。

❹ ③中央高地では，夏でも涼しい気候をいかして，レタスやキャベツなどの高原野菜の抑制栽培がさかんである。

❺ ⑥近郊農業は，茨城県や埼玉県などでさかん。

❻ ①**やませ**は，東北地方の太平洋側に，夏に吹く冷たく湿った北東の風である。やませが吹くと，日照不足となり，気温が低下することがある。

❼ ⑤**石狩平野**は，もともとは泥炭地であったが，ほかの土地から土を運んでくる客土によって土地を改良し，日本有数の稲作地帯となった。

---

1 (1)エ (2)瀬戸大橋 (3)シラス台地
(4)①C ②A ③E (5)イ

解説 (4)①はCの福岡県，②はAの広島県，③はEの沖縄県の説明である。
(5)冬でも比較的温暖で一年を通して降水量が少ないことから，イ(高松市)の雨温図である。香川県では，水不足に備えて，古くから**ため池**をつくり，農業用水として利用してきた。

2 (1)琵琶湖
(2)ポートアイランド(六甲アイランド)
(3)①B ②A (4)D

解説 (2)神戸空港島でも正解。Yの神戸市では，住宅地を造成するために六甲山を削って出た土砂で海を埋め立て，ポートアイランドや六甲アイランドをつくった。
(3)①京都市では，歴史的な町並みを保存するために，建物の高さやデザインなどを制限する条例が定められている。

3 (1)ウ (2)①中京工業地帯 ②京葉工業地域
(3)ヒートアイランド現象 (4)近郊農業
(5)C エ D ア (6)ウ

解説 (2)①中京工業地帯は，Fの愛知県と三重県にまたがっており，工業出荷額では機械の割合が約7割を占めている。②京葉工業地域は，Aの千葉県の東京湾沿いに広がり，工業出荷額に占める化学の割合が高い。

4 (1)オホーツク海 (2)風の名称 やませ 向き イ
(3)アイヌの人々(アイヌ民族)
(4)①C ②B ③A (5)エ

解説 (3)Aの北海道は古くから**蝦夷地**と呼ばれ，**アイヌの人々**が暮らしてきた土地である。明治時代に，開拓使が置かれ，屯田兵など多くの人々が本州から移住してくると，アイヌの人々は居住地を奪われた。

文明のおこりと古代の日本

p.22 **基礎の確認**

1 古代文明のおこりと日本のあけぼの
①太陽 ②くさび形 ③甲骨 ④ポリス
⑤打製 ⑥竪穴(たて穴) ⑦銅鐸

2 古代国家のおこりと歩み
①魏 ②埴輪 ③渡来人 ④十七条の憲法
⑤遣隋使

3 律令国家の成立
①大化の改新 ②白村江 ③壬申
④班田収授法 ⑤長安 ⑥墾田永年私財法
⑦遣唐使 ⑧万葉集

4 平安時代の様子
①桓武 ②天台 ③真言 ④藤原道長 ⑤国風
⑥源氏 ⑦平等院鳳凰堂

☆これが重要！
飛鳥時代から平安時代初期には，**天皇を中心とした政治**が行われた。平安時代中期になると，藤原氏が権力をもち，**貴族による政治**が行われるようになった。

解説 1 ④古代ギリシャでは，**アテネ**やスパルタといった**ポリス**(都市国家)が形成された。⑤打製石器が使われていた時代を**旧石器時代**という。これに対し，**磨製石器**(とぎ石や砂などで石を磨き，形を整えた石器)が使われていた時代を**新石器時代**という。
2 ①邪馬台国の女王卑弥呼は，239年に魏に使いを送り，「親魏倭王」の称号などを与えられた。
3 ②百済が唐と新羅に滅ぼされると，**中大兄皇子**らは，百済を復興させるために大軍を派遣したが，唐と新羅の連合軍に大敗した。そのため，唐や新羅の侵攻に備えて西日本の各地に山城が築かれた。
4 ③空海は真言宗を伝え，高野山に金剛峯寺を建てた人物。天台宗を伝え，比叡山に延暦寺を建てた最澄と混同しないように注意すること。

p.24 **実力完成テスト**

1 (1)A 弥生時代 B 縄文時代
(2)①B ②A ③A ④C (3)記号 A
特色 (例)赤褐色で，薄くてかたい。

解説 (1)A弥生時代は，紀元前4世紀ごろから紀元3世紀ごろまでの時代をいい，**稲作**が各地に広まった。B縄文時代は約1万数千年前から紀元前4～3世紀ごろまでの時代をいい，**狩り・採集・漁**の暮らしと磨製石器の使用に特色がある。
(2)①貝塚は，主に縄文時代の人々が食べた貝類などの不要物が積もってできた遺跡。②高床倉庫は，収穫した稲を蓄えておくための倉庫。③銅鐸は，主に祭りの宝物に使われていたとされる青銅器。
(3)写真の弥生土器に対し，縄文土器は縄目の文様がついたものが多く，黒ずんだ茶色をしている。また，質はもろくて厚手である。

2 (1)①奴国 ②邪馬台国
③大和政権(ヤマト王権) (2)卑弥呼
(3)渡来人 (4)③

解説 (1)①奴国については，中国の後漢の歴史書である『後漢書』東夷伝などに記述がある。②邪馬台国の卑弥呼については，中国の魏の歴史書である『魏志』倭人伝に記述がある。③大和政権は3世紀後半に大和地方(現在の奈良県)を中心におこり，5世紀後半に九州地方北部から東北地方南部までの豪族を従えた。
(4)写真は**前方後円墳**(前が方形で，後ろが円形になった古墳)。古墳は3世紀後半から7世紀にかけてつくられた，大和政権の大王や有力な豪族の墓。

3 (1)a エ b ウ (2)きまり 十七条の憲法
番号 ① (3)イ

解説 (1)a小野妹子は，聖徳太子に**遣隋使**として中国の隋に派遣された。隋は589年に中国を統一し，618年に滅んだ王朝。アの唐は隋を滅ぼし中国を統一した王朝。b710年，平城京(現在の奈良市)に都が置かれた。
(2)**十七条の憲法**は聖徳太子によって定められたとされ，仏教を信仰すること，天皇の命令には必ず従うことなど，役人の心構えを示した。
(3)アは三世一身法，ウは班田収授法，エは公地・公民についての説明。

4 (1)D→C→B→A
(2)説明 ウ 語群 古今和歌集，平等院鳳凰堂(順不同)
(3)ア

解説 (1)Aは11世紀前半，Bは894年，Cは797年，Dは794年のできごと。
(2)アは天平文化，イは飛鳥文化，ウは国風文化の説明である。

中世社会の展開

p.26 基礎の確認

1 武士のおこり
①源氏 ②院政 ③平清盛

2 鎌倉幕府の成立
①源頼朝 ②征夷大将軍
③六波羅探題 ④北条 ⑤後鳥羽上皇
⑥御成敗式目(貞永式目)

3 鎌倉時代の文化
①法然 ②浄土真(一向) ③臨済 ④道元

4 元寇と鎌倉幕府の滅亡
①フビライ=ハン ②北条時宗
③(永仁の)徳政

5 建武の新政と室町幕府の成立
①後醍醐 ②足利尊氏 ③管領
④日明(勘合)

6 民衆の成長と戦国大名
①座 ②堺 ③惣(惣村) ④応仁 ⑤分国

7 室町時代の文化
①能(能楽) ②銀閣 ③書院造 ④雪舟

☆これが重要!
鎌倉幕府と室町幕府のしくみの違いを理解しよう。鎌倉幕府では**執権**が将軍の補佐を担うが，室町幕府では**管領**が将軍の補佐となっている。また，鎌倉幕府では，朝廷の監視や西国の武士を統制するために，六波羅探題が置かれた。

解説 1 ②**院政**とは，天皇の位を退いたあとも，**上皇**が実権を握った政治である。
2 ③六波羅探題は，承久の乱後に朝廷の監視や西国の武士の支配を行うために京都に置かれた役所。
④鎌倉幕府は，3代将軍の源実朝が暗殺されて以降，北条氏が執権として権力を握って政治を行った。
⑤後鳥羽上皇は，幕府から政治の実権を朝廷に取りもどそうとして**承久の乱**を起こしたが，敗れて隠岐(島根県)に流された。
4 ①フビライ=ハンは，モンゴル帝国5代皇帝で，1271年に国号を元とした。③1297年に出された永仁の徳政令で，御家人の借金は帳消しにされたが，経済は混乱した。
5 ①後醍醐天皇は，鎌倉幕府滅亡後，**建武の新政**と呼ばれる新しい政治を行ったが，公家中心の政治であったため武士の不満が高まり，わずか2年ほどで失敗した。
6 ①座は公家や寺社に税を納めて営業を独占し，関所の通行税を免除されるなどの特権を得た。③室町時代，農民は**惣(惣村)**と呼ばれる自治組織をつくり，村のおきてや行事などを決めて自治をすすめた。
7 ②銀閣は，室町時代の**東山文化**を代表する建造物。③書院造は，禅宗の影響を受け，和風建築のもととなった建築様式。

p.28 実力完成テスト

1 (1)A ウ B イ C オ D ア E エ
(2)E→D→B→C→A (3)イ
(4)役所名 六波羅探題 位置 イ
(5)御成敗式目(貞永式目) (6)イ

解説 (2)Aは13世紀後半，Bは1221年，Cは1232年，Dは12世紀末，Eは1167年のできごと。
(3)外国との戦いだったので，御家人に与える領地は得られなかった。
(5)御成敗式目(貞永式目)は，守護・地頭の任務や，御家人の所領に関するきまりなども定めている。
(6)**ア**は問注所，**ウ**は守護，**エ**は侍所や守護の仕事。

2 (1)①○ ②日蓮 ③一遍 (2)①金剛力士像
②(例)武士の気風を反映した，力強い文化。

解説 (1)①親鸞は浄土宗を開いた法然の教えをもとに，浄土真宗(一向宗)を開いた人物。②道元は禅宗の曹洞宗を伝えた人物。題目「南無妙法蓮華経」を唱えれば救われると説いたのは，日蓮宗を開いた**日蓮**。③「踊念仏」で教えを広めたのは**一遍**。
(2)①金剛力士像は，鎌倉時代に**運慶・快慶**らがつくった一対の彫刻。

3 (1)管領，鎌倉府(順不同) (2)方丈記，平家物語(順不同) (3)①分国法(家法) ②イ

解説 (1)**管領**は，鎌倉幕府の執権にあたる将軍の補佐役で，中央の政治全般を統轄した。
(2)**資料Ⅱ**は，室町時代に足利義政が建てた銀閣。語群の方丈記と平家物語は，鎌倉時代の作品。御伽草子は室町時代にかかれた絵入りの短編物語で，「一寸法師」，「浦島太郎」などが収められている。
(3)②分国法が定められたのは下剋上の世となった戦国時代(15世紀後半〜)。アは14世紀末，ウは14世紀前半の**建武の新政**のころ，エは14〜15世紀のできごと。

8日目 近世の日本と世界

✐ p.30 基礎の確認

1 イスラム世界とヨーロッパ世界の展開
①十字軍　②ルネサンス
③ルター　④イエズス
⑤コロンブス　⑥バスコ＝ダ＝ガマ

2 ヨーロッパ人の来航と全国統一
①鉄砲　②（フランシスコ＝）ザビエル
③楽市・楽座　④刀狩　⑤天守（閣）　⑥千利休

3 江戸幕府の成立と改革
①徳川家康　②老中　③武家諸法度
④出島　⑤徳川綱吉　⑥公事方御定書
⑦松平定信　⑧天保の改革

4 江戸時代の産業と交通
①株仲間　②百姓一揆　③東廻（回）り

5 江戸時代の文化・学問
①井原西鶴　②葛飾北斎　③解体新書
④本居宣長

☆これが重要！
江戸時代に行われた享保の改革，田沼の政治，寛政の改革，天保の改革の政策をそれぞれまとめておこう。それぞれの政策の目的も理解しておくとよい。

解説 1 ①イスラム勢力がキリスト教の聖地**エルサレム**を支配すると，エルサレムを奪回するために，ローマ教皇の呼びかけに応じてヨーロッパの国々の王は**十字軍**を派遣した。

2 ③織田信長は安土城下で**楽市・楽座**を実施し，誰でも自由に商工業を営めるようにした。

3 ②臨時に置く最高職として，大老がある。④オランダとの貿易は，長崎港に建設された人工島の**出島**のみで行われた。

5 ①井原西鶴は，**浮世草子**と呼ばれる小説で，町人の生活や考え方をありのままに著した人物である。

p.32 実力完成テスト

1 (1)A ウ　B ア　C イ　(2)① ⓓ　② ⓑ

解説 (1)**ア**のバスコ＝ダ＝ガマは，インド航路を開拓した人物。**イ**のマゼランの船隊は，世界一周を達成した。**ウ**のコロンブスは，大西洋を横断して，1492

年に西インド諸島に到達した人物。**エ**のマルコ＝ポーロは，13世紀にシルクロードをへて，中国の元を訪れた人物で，フビライ＝ハンに仕えた。帰国後，『世界の記述（東方見聞録）』を著した。
(2)②ルターが宗教改革を始めたのはドイツ。

2 (1)①B　②C
(2)人物名 織田信長
　記号 エ　(3)姫路城

解説 (1)①1543年，ポルトガル人が種子島（鹿児島県）に流れ着き，日本に鉄砲を伝えた。**A**は屋久島。
②1549年，イエズス会のフランシスコ＝ザビエルが鹿児島に来て，日本にキリスト教を伝えた。
(2)**資料 I** は，1575年の長篠の戦いの様子。この戦いで織田信長は鉄砲を有効に使って，武田氏の騎馬隊を破った。**エ**の刀狩を行ったのは豊臣秀吉。
(3)**資料 II** は，兵庫県にある姫路城。この時代，姫路城や大阪城など，天守をもつ壮大な城がつくられた。

3 (1)C　(2)ウ　(3)①年表 ⓒ　内容 エ
②年表 ⓐ　内容 ウ　③年表 ⓑ　内容 イ

解説 (1)文は，1637年に起きた**島原・天草一揆**についての説明。島原・天草一揆が起きたことにより，幕府はキリスト教の取り締まりを強化した。
(2)参勤交代は，3代将軍の徳川家光のときに制度化された。大名に原則，1年おきに江戸と領地に交互に住むことを義務づけ，人質として妻子を江戸に住まわせた。
(3)①天保の改革は，1841～43年に水野忠邦が行った改革。②享保の改革は1716～45年に徳川吉宗が行った改革。③寛政の改革は1787～93年に松平定信が行った改革。**ア**は田沼意次が行った。

4 (1)A ウ　B ア　C イ
(2)A ウ　B イ　C ア

解説 (1)**ア**国学は**本居宣長**が大成した学問。本居宣長の著書としては『**古事記伝**』がある。**イ**西洋の学問は，主にオランダ語で研究されたため蘭学という。杉田玄白・前野良沢らが出版した人体解剖書『**解体新書**』によって蘭学の基礎が築かれた。**ウ**朱子学は，身分の上下を重んじる学問で，幕府公認の学問として奨励された。

9日目 近代国家の成立と展開

p.34 基礎の確認

1 ヨーロッパの近代化とアジア侵略
①権利章典(権利の章典) ②アメリカ
③人権宣言 ④イギリス
⑤南京 ⑥太平天国

2 日本の開国と江戸幕府の滅亡
①ペリー ②日米修好通商 ③尊王攘夷
④坂本龍馬 ⑤戊辰

3 明治維新の改革
①廃藩置県 ②学制 ③3 ④富岡
⑤福沢諭吉

4 自由民権運動と立憲制国家の成立
①民撰議院設立(の)建白書
②ドイツ(プロイセン,オーストリア)
③天皇 ④貴族院

5 日清・日露戦争と条約改正
①下関 ②三国干渉 ③日英 ④ポーツマス
⑤領事裁判権(治外法権) ⑥小村寿太郎

☆これが重要!

日米和親条約と**日米修好通商条約**の内容を確認しておこう。日米修好通商条約には,領事裁判権を認め,日本に関税自主権がないという不平等な内容が含まれている。この不平等条約を,明治時代に改正する過程も整理しておくこと。

解説 1 ⑤南京条約で,イギリスは清から**香港**を獲得した。

3 ①廃藩置県とは,これまでの藩を廃止して全国に府と県を置き,中央から府知事・県令(のちの県知事)を派遣したこと。③地租改正後も税負担はほとんど変わらなかったので,各地で地租改正反対の一揆が起こった。

5 ⑤⑥領事裁判権の撤廃は1894年,関税自主権の完全な回復は1911年に成功した。

p.36 実力完成テスト

1 (1)A イギリス B アメリカ C フランス
(2)名称 (アメリカ)独立宣言 記号 Y

解説 (1)**A**は1688年にイギリスで起きた,**名誉革命**についての説明。**B**は1775年にアメリカで起きた,ア

メリカ独立戦争の説明。Cは1789年にフランスで起きた,フランス革命の説明。
(2)資料の宣言文は,アメリカ独立戦争のときに出された独立宣言なので,Yにあてはまる。Xには名誉革命のときに出された**権利(の)章典**,Zにはフランス革命のときに出された**人権宣言**があてはまる。

2 (1)X ペリー Y 井伊直弼 (2)①ア
②(例)領事裁判権(治外法権)を認めたこと。(または,)関税自主権がないこと。 (3)B

解説 (2)①日米修好通商条約で開港されたのは,**函館・神奈川(横浜)・新潟・兵庫(神戸)・長崎**の5港。アの下田は,1854年の日米和親条約で開港されたが,日米修好通商条約の締結で閉鎖された。②領事裁判権を認めたとは,日本で罪を犯した外国人を日本の法律で裁けないということ。関税自主権がないとは,輸入品にかける税金(関税)の率を日本が自主的に決める権利がないということである。
(3)攘夷論とは,外国人を追い払おうとする考え方。薩摩藩(鹿児島県)と長州藩(山口県)はこの考えのもと,外国と戦ったが敗れ,攘夷が不可能であると知り,倒幕運動を進めていった。

3 (1)C→E→B→A→D (2)板垣退助
(3)(例)君主権が強い点を手本にした。
(4)a−25 b−男子 (5)文明開化

解説 (1)**A**は1874年,**B**は1873年,**C**は1868年,**D**は1889年〜1890年,**E**は1871年のできごと。
(2)板垣退助らが中心となって,1874年に**民撰議院設立の建白書**を政府に提出し,自由民権運動を始めた。
(4)この条件を満たした有権者は約45万人で,全人口の約1.1%にすぎなかった。
(5)都市ではガス灯がともされ,洋服を着る人が増え,牛肉を食べる習慣も広まった。

4 (1)国名 ロシア 条約名 ポーツマス条約
(2)①記号 B 名称 遼東半島
②記号 A 名称 朝鮮半島

解説 (1)1904年,日本は満州と韓国をめぐる対立からロシアと日露戦争を起こした。日露戦争は1905年,アメリカの仲介によってポーツマス条約が結ばれて終結した。
(2)①日本は日清戦争後の**下関条約**で遼東半島を獲得したが,ロシア・フランス・ドイツの圧力(**三国干渉**)で,これを清に返還した。②朝鮮半島は,1910年の**韓国併合**で日本の植民地となった。

近現代の日本と世界

p.38 基 礎 の 確 認

1 第一次世界大戦の勃発
①三国同盟　②二十一か条　③ロシア
④ソビエト社会主義共和国連邦(ソ連)

2 国際協調の時代
①ウィルソン　②三・一　③吉野作造
④シベリア　⑤原敬　⑥治安維持

3 第二次世界大戦前の世界と日本
①ニューディール(新規巻き直し)　②ファシズム
③満州事変　④国際連盟
⑤二・二六　⑥国家総動員

4 第二次世界大戦の勃発と終戦
①ポーランド　②日独伊三国　③広島
④ポツダム

5 戦後の世界と日本
①20　②農地改革　③国民主権
④資本主義　⑤サンフランシスコ
⑥日中共同声明

☆これが重要!

　満州事変のあと、しだいに軍部の発言力が高まり、戦争に向かっていく過程をまとめておこう。また、戦時中の日本国内では、勤労動員や子どもの疎開が行われていたことなどを押さえておくこと。

解説 **2** ②三・一独立運動は、1919年3月1日に現在のソウルで起こった、日本からの独立を求める運動で、またたくまに朝鮮半島全土に広がった。
4 ④ポツダム宣言は、終戦間際の1945年7月にアメリカ・イギリス・中国の名で発表された、日本の降伏条件などを示した宣言である。
5 ④資本主義陣営はアメリカを中心に、主に西ヨーロッパの国々が属していた。

p.40 実力完成テスト

1 (1)D→B→C→A　(2)エ
(3)ソビエト社会主義共和国連邦(ソ連)
(4)ア　(5)①日本　②中国(中華民国)

解説 (1)Aは1920年、Bは1917年、Cは1918年、Dは1915年のできごと。
(2)アメリカは国際連盟の設立を提案した国だが、議

会の反対で、国際連盟には参加しなかった。
(3)1917年に起こった**ロシア革命**で、同年に世界で最初の社会主義政府が誕生し、1922年にはソビエト社会主義共和国連邦(ソ連)が成立した。
(4)1918年に始まったシベリア出兵のころ、日本国内では**米騒動**が起こって内閣が総辞職し、代わりに初の本格的な政党内閣である原敬内閣が成立した。**イ**と**ウ**は1925年、**エ**は1940年のできごと。
(5)1915年、日本は中国に対し「二十一か条の要求」を示し、山東省にあるドイツの権益を受け継ぐことや、南満州鉄道の権益の期限の延長などを中国に認めさせた。

2 (1)A イ　B エ　C ア　D ウ　(2)あ
(3)(例)政党政治が終わり、軍部の政治的発言力がいっそう強まった。　(4)**1** b　**2** c

解説 (1)A アメリカのローズベルト大統領は、恐慌対策として、**ニューディール(新規巻き直し)**政策を実施し、大規模な公共事業をおこして失業者に仕事を与えるなどした。B イギリスとフランスは、**ブロック経済**をとり、本国と植民地との結びつきを密接にして、外国の商品を自国の市場から締め出した。C ドイツ・イタリア・日本では、海外進出によって恐慌を乗り越えようとする声が高まり、**ファシズム**が台頭した。D ソ連は計画経済政策をとっていたため、景気の大きな変動がなかった。
(2)日本は満州事変を起こし、中国東北部に満州国を建国した。
(3)**五・一五事件**は、海軍の青年将校らが犬養毅首相を殺害した事件で、これにより政党政治が終わった。**二・二六事件**は、陸軍の青年将校らが政治家を殺害し、一時、東京の中心部を占拠した事件で、これにより軍部の政治的発言力がいっそう強まった。
(4)**1** 日本は、国際連盟に満州からの引き揚げを勧告されたことを不服として、1933年、国際連盟からの脱退を通告した。**2** 日中戦争が長期化すると、1938年、日本政府は国民や物資すべてを戦争目的のために動員できるようにする**国家総動員法**を制定した。

3 (1)A ドイツ　B ソビエト社会主義共和国連邦(ソ連)　(2)X 20　Y 財閥　Z 農地改革
(3)イ　(4)エ

解説 (3)ベトナムは、冷戦の影響で南北に分断され、1975年までベトナム戦争が続いた。
(4)C国は中国。日本と中国は1972年に**日中共同声明**を発表して国交を正常化し、1978年には、**日中平和友好条約**を結んだ。

1 (1)西経90　(2)経済特区
(3)イ　(4)ウ

解説 (1)経度差15度につき，1時間の時差が生じる。日本とシカゴの時差が15時間であることから，15(度)×15(時間)＝225(度)で，日本とシカゴには225度の経度差があることがわかる。シカゴは西経に位置しているので，225(度)−135(度)＝90(度)より，西経90度に位置していることがわかる。
(2)中国では**経済特区**のある地域や，ペキン，シャンハイの経済が発展している。

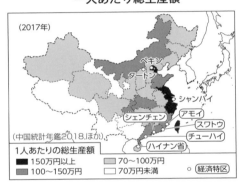

★地図で確認★中国の経済特区と省別・地域別
一人あたり総生産額

(2017年)

ペキン
チンタオ
シャンハイ
シェンチェン　アモイ
スワトウ
チューハイ
ハイナン省

(中国統計年鑑2018.ほか)

1人あたりの総生産額
■ 150万円以上　　70〜100万円
■ 100〜150万円　□ 70万円未満　○ 経済特区

(3)インドの国民の多くが信仰している**ヒンドゥー教**では，ガンジス川で沐浴し，身を清める儀式が重視されている。また，牛が神の使いとされいることから，ヒンドゥー教徒は牛肉を食べない。
(4)**B**の都市(バンコク)は，熱帯に位置していることから，一年を通して高温な**ウ**があてはまる。**ア**は乾燥帯に属する**A**の都市(リヤド)，**イ**は温帯に属する**C**の都市(東京)，**エ**は南半球に位置し温帯に属する**D**の都市(ブエノスアイレス)の雨温図を示している。

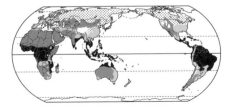

★地図で確認★世界の気候帯の分布

■ 熱帯　■ 乾燥帯　▦ 亜寒帯(冷帯)　■ 温帯　□ 寒帯

2 (1)A エ　B ア
(2)前方後円
(3)①参勤交代　②ウ
(4)ウ→エ→ア→イ

解説 (1)**A**平安時代には，唐の文化をもとに日本の風土や生活，感情に合った**国風文化**が栄えた。仮名文字は，漢字をもとにしてつくられた日本独自の文字である。仮名文字を用いた文学作品としては，紫式部の『源氏物語』や清少納言の『枕草子』などがある。
B江戸時代，17世紀末から18世紀初めごろに，上方(大阪・京都)を中心に，町人を担い手として栄えた文化を**元禄文化**という。**井原西鶴**は，浮世草子と呼ばれる小説を，**近松門左衛門**は**人形浄瑠璃**の脚本を書いた。他にも，**松尾芭蕉**は，俳諧(俳句)を芸術の域にまで高め，俵屋宗達や尾形光琳は，大和絵の伝統をいかした装飾画を描いた。美人画を描いた菱川師宣は，浮世絵の祖といわれる。また，19世紀前半には，江戸の町人を担い手とした**化政文化**が栄えた。化政文化では，錦絵と呼ばれる多色刷りの版画が描かれるようになり，美人画の**喜多川歌麿**や風景画の**葛飾北斎**(「富嶽三十六景」)・**歌川広重**(「東海道五十三次」)らがすぐれた作品を残した。他にも，俳諧では与謝蕪村や小林一茶らが活躍し，曲亭(滝沢)馬琴が『南総里見八犬伝』を，十返舎一九が『東海道中膝栗毛』といった作品を書いた。
(2)古墳時代には，王や豪族の墓として各地に**前方後円墳**が造られた。大阪府堺市にある大仙(大山)古墳は，世界最大級の墓であり，世界文化遺産に登録されている。前方後円墳の分布から，大和政権(ヤマト王権)は，九州地方から東北地方南部までの豪族を従えていたと考えられている。
(3)①参勤交代は，大名を統制するために制定された**武家諸法度**に，江戸幕府3代将軍徳川家光によって追加されて制度化されたものである。参勤交代にかかる大名行列や江戸での生活の費用は，大名にとって，経済的な負担が大きかった。
②**ウ**は，老中水野忠邦によって行われた**天保の改革**の内容について述べている。**寛政の改革**は，老中松平定信によって行われた改革である。江戸時代の改革は，次のページの表でどのような政策が行われたのかを，確認しておくこと。

★ 表で確認 ★ 江戸時代の改革について整理！

江戸時代の改革は，改革の名称と改革を行った人物を混同しやすいので注意しておくこと。

新井白石の政治	長崎貿易を制限，**生類憐みの令を廃止**
享保の改革（徳川吉宗）	**公事方御定書**の制定，目安箱の設置，新田開発の奨励
田沼意次の政治	**株仲間の結成を奨励**，長崎貿易の奨励，印旛沼の干拓
寛政の改革（松平定信）	幕府の学校での**朱子学以外の講義を禁止**，御家人の借金を帳消し
天保の改革（水野忠邦）	**株仲間を解散**，倹約令でぜいたくを禁止，人返し令で農民を村に返す

(4)アは戦国時代，イは江戸時代，ウは奈良時代，エは平安時代末期の寺社について述べている。**ア織田信長**は，比叡山延暦寺を焼き討ちし，一向一揆を屈服させ，根拠地である石山本願寺を降伏させた。**イ**寺社奉行は江戸幕府で置かれた役職である。寺社奉行は，寺社を監視する役割をもっていた。**ウ**奈良時代には伝染病や災害などが続いていたことから，**聖武天皇**は，仏教の力に頼って国の不安を取り除こうとした。そのために，聖武天皇は，国ごとに国分寺・国分尼寺を建て，都には東大寺と大仏をつくった。**エ**11世紀ごろになると，大寺院が武装した僧兵をもつようになり，武力で要求を通そうとした。

3 (1)ア (2)ウ
(3)(例)海岸線が入り組んでおり，波がおだやかであるため。 (4)イ

解説 (1)東北地方では，冬は雪が降り，外での農作業が厳しかったため，冬の間の副業として，さまざまな**伝統的工芸品**がつくられてきた。

★ 表で確認 ★ 東北地方・北陸の主な伝統的工芸品

青森県	津軽塗
秋田県	大館曲げわっぱ，樺細工
山形県	天童将棋駒，置賜紬，山形鋳物
岩手県	南部鉄器，秀衡塗
宮城県	宮城伝統こけし，鳴子漆器
福島県	会津塗，大堀相馬焼
新潟県	小千谷縮，十日町がすり
富山県	高岡銅器
石川県	輪島塗，九谷焼，加賀友禅
福井県	越前漆器，越前和紙

(2)夜間人口とは，その地域に住んでいる人口のこと，昼間人口とは，夜間人口に他の地域から通勤・通学してくる人を足し，他の地域へ通勤・通学する人を引いた人口である。多くの企業や学校が集まる東京都では昼間人口が多く，周辺の県では昼間人口が少なくなる傾向にある。**B**の埼玉県は，東京都に通勤・通学している人が多いことから，昼夜間人口比率が最も低い**ウ**があてはまる。**ア**は人口密度と昼夜間人口比率が最も高いので**C**の東京都，**イ**は製造品出荷額等が最も多いことから**D**の神奈川県，残る**エ**は**A**の群馬県があてはまる。

(3)**リアス海岸**とは，小さな湾と岬が続く，複雑に入り組んだ海岸地形である。日本では，三陸海岸や志摩半島，若狭湾沿岸などでみられる。リアス海岸の湾内は，波がおだやかなため，養殖業がさかんである。三陸海岸ではわかめなど，志摩半島では真珠の養殖が行われている。

★ 地図で確認 ★ 日本の主な川・平野・山地

(4)宮崎県の宮崎平野では，冬でも暖かい気候をいかして，ピーマンなどの**促成栽培**が行われていることから**b**は冬から春にかけての数量が多い宮崎県があてはまる。**c**は夏場の数量が多く，冬の数量が少ないことから，岩手県と判断する。反対に，成長を遅らせる栽培方法は**抑制栽培**という。愛知県の渥美半島などでは，温室の中で夜間に菊に電灯を当て続け，菊の開花時期を遅らせる**電照菊**が栽培されている。

1 (1)太平洋
(2)ウ
(3)国名 インド 語句 英語
(4)ア
(5)Ⅰ さとうきび
　Ⅱ バイオ

解説 (1)下の地図を見て，大陸と大洋の位置を確認しておくこと。

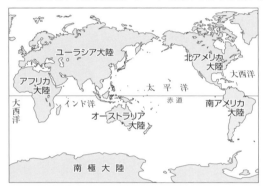

★地図で確認★ 六大陸と三大洋

陸地と海洋の面積比は，3：7で海洋のほうが広い。

六大陸は，ユーラシア大陸，アフリカ大陸，北アメリカ大陸，南アメリカ大陸，南極大陸，オーストラリア大陸の順に大きい。また，三大洋は，太平洋，大西洋，インド洋の順に大きい。

(2)地球の中心を通った反対側の地点を求めるには，緯度は北緯と南緯を逆にし，経度は東経と西経を逆にして，経度を180度から引く。東京に対して，地球の中心を通った反対側の地点は，およそブラジル東部の大西洋上にある。

(3)**Z**の国はインドである。インドでは，近年，情報通信技術(ICT)産業が発達している。その理由は，インドでは英語を話せる人が多く，数学の教育水準が高いことがあげられる。また，情報通信技術(ICT)産業は新しい産業であることから，カーストと呼ばれる身分制度の影響を受けにくく，多くの人が従事することができた。ほかにも，情報通信技術(ICT)産業が世界で最も発達している**Y**の**アメリカ合衆国**と，時差がおよそ半日ずれた位置にあることから，アメリカ合衆国から請け負った仕事を，アメリカ合衆国が夜の間に対応することが可能である。このような利点をいかして，インドでは，情報通信技術

(ICT)産業が発達してきた。

(4)サハラ砂漠周辺に位置する北アフリカの国々では，主にイスラム教が信仰されている。また，サハラ砂漠より南の国々の多くの人々は，キリスト教などを信仰している。

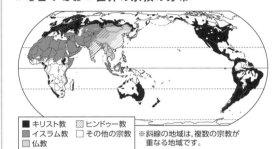

★地図で確認★ 世界の宗教の分布

■キリスト教　▨ヒンドゥー教
■イスラム教　▦その他の宗教
□仏教
※斜線の地域は，複数の宗教が重なる地域です。

世界で最も信者が多いのは，**キリスト教**である。キリスト教では，毎週日曜日に教会で祈りをささげる。

イスラム教を信仰する人々は，1日5回，聖地メッカに向かって祈りをささげる。女性は人前で肌を見せないことや，アルコールを飲まない，豚肉を食べないといった生活に関するきまりがコーランに書かれている。

仏教徒が多いタイでは，一生に一度出家して，僧侶としての修業を積む習慣がある。

(5)ブラジルは，**さとうきび**の生産量が世界一である。さとうきびやとうもろこしなどの植物を原料とする燃料を，**バイオ燃料(バイオエタノール)**という。バイオ燃料の原料となる植物は，大気中の二酸化炭素を吸収することから，燃やしても計算上は，大気中の二酸化炭素の総量が増えないことから，バイオ燃料は環境にやさしいと考えられている。なお，ブラジルでは，アマゾン川の流域に広がる熱帯林を切りひらいて，さとうきびなどの栽培を行っていることから，**地球温暖化**への影響が心配されている。

2 (1)**A** ウ　**B** イ　**C** ア
(2)①ア
　②シラス台地

解説 (1)**C**は，面積が最も広く，野菜・果実の産出額が最も多いことから長野県があてはまる。**A**は，**C**に次いで果実の産出額が多いことから，みかんの栽培がさかんな愛媛県があてはまる。**B**は，化学工業の製造品出荷額が最も多いことから，周南市などに石油化学コンビナートが形成されている山口県があてはまる。

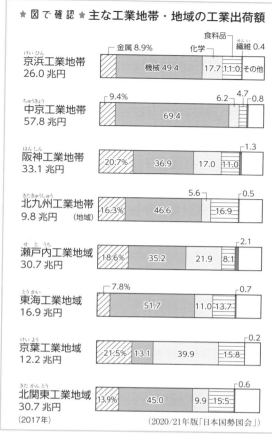

★図で確認★ 主な工業地帯・地域の工業出荷額

京浜工業地帯 26.0兆円 — 金属 8.9% 機械 49.4 化学 17.7 1.1:0. 食料品 その他 繊維 0.4

中京工業地帯 57.8兆円 — 9.4% 69.4 6.2 4.7 0.8

阪神工業地帯 33.1兆円 — 20.7% 36.9 17.0 1.1:0. 1.3

北九州工業地帯（地域） 9.8兆円 — 16.3% 46.6 16.9 5.6 0.5

瀬戸内工業地域 30.7兆円 — 18.6% 35.2 21.9 8.1 2.1

東海工業地域 16.9兆円 — 7.8% 51.7 11.0 13.7 0.7

京葉工業地域 12.2兆円 — 21.5% 13.1 39.9 15.8 0.2

北関東工業地域 30.7兆円 — 13.9% 45.0 9.9 15.5 0.6

(2017年)　(2020/21年版「日本国勢図会」)

(2)①**イ**は鳥取県，**ウ**は愛知県，**エ**は北海道について述べた文である。鳥取県には，日本最大級の**鳥取砂丘**が広がっており，かんがいを利用した農業が行われている。愛知県の**渥美半島**では，電照菊の栽培がさかんである。北海道の**石狩平野**は，もともとは泥炭地が広がっていたが，客土によって，日本有数の米の産地となった。

②シラス台地は，水もちが悪いことから，稲作に向いておらず，畜産や畑作などが行われている。

3 (1)**エ**
(2)**ア**
(3)**イ**

解説 (1)**A**の**廃藩置県**は，1871年，明治新政府によって行われた政策。廃藩置県では，それまで置かれていた藩を廃止し，新たに府と県を置き，府知事・県令を中央から派遣した。明治新政府は，廃藩置県などによって，中央集権体制を確立しようとした。同年，ドイツでは，プロイセンの**ビスマルク**首相の指導の下，諸国を統一し，ドイツ帝国が誕生した。したがって，**エ**があてはまる。**ア** イギリスでピューリタン革命が起こったのは，17世紀半ばである。**イ** アメリカは，イギリスからの独立を目指して独立戦

争を起こし，1776年に独立宣言を発表した。植民地軍は，フランスなどの支援を得て勝利し，ワシントンを初代大統領とするアメリカ合衆国が誕生した。**ウ** フランスでは，国王や貴族中心の政治に対して，1789年に**フランス革命**が起こり，自由や平等権などを唱えた人権宣言が発表された。

★資料で確認★ （アメリカ）独立宣言（1776年）

　我々は以下のことを自明の真理であると信じる。人間は皆平等につくられ，譲りわたすことのできない権利を神から与えられている。その中には，生命・自由・幸福の追求が含まれている。（一部要約）

(2)**国際連盟**は，**第一次世界大戦**での反省から，世界平和と国際協調を目的として，1920年に発足した。設立時の事務次長には，日本の**新渡戸稲造**が選ばれた。国際連盟は，アメリカの**ウィルソン大統領**の提案をもとにつくられたが，アメリカは国内の反対で，国際連盟に加盟できなかった。また，経済制裁のみで武力制裁ができないことや全会一致の原則から，国際連盟の影響力は大きくなかった。

(3)**C**は，1951年に結ばれた**サンフランシスコ平和条約**の一部である。当時の**吉田茂内閣**は，アメリカなど48か国とサンフランシスコ平和条約を結び，日本の独立を回復した。しかし，沖縄や小笠原諸島は返還されなかった（沖縄の返還は1972年，小笠原諸島の返還は1968年）。

4 (1)**エ**
(2)**エ→ウ→ア→イ**
(3)**ア**
(4)**ウ**

解説 (1)満州への進出をねらっていたロシアは，ドイツ，フランスとともに遼東半島を清に返還するように勧告した。

(2)**ア**は1940年，**イ**は1941年，**ウ**は1933年，**エ**は1932年のできごとである。

(3)**イ**の岸信介はアメリカ合衆国と新安保条約を結んだ首相，**ウ**の田中角栄は日中共同声明で中国との国交回復を果たした首相，**エ**の池田勇人は所得倍増計画をかかげた首相である。

(4)【あ】にあてはまるのは**エ**，【い】にあてはまるのは**ア**，【う】にあてはまるのは**イ**，【え】にあてはまるのは**ウ**である。

10日間完成

[改訂版]

中1・2の
総復習 社会